Die
nervös Kriegsbeschädigten
vor Gericht und im Strafvollzug.

Nach einem Vortrag für
Richter, Ärzte, Strafanstaltsbeamte.

Von

Medizinalrat Dr. Kolb

Direktor der Heil- und Pflegeanstalt Erlangen.

1919

München, Berlin und Leipzig

J. Schweitzer Verlag (Arthur Sellier)

Druck von Dr. F. P. Datterer & Cie. (Arthur Sellier) München-Freising.

Vorwort.

Die Ausführungen enthalten die Vorträge eines Kurses, den ich am 5. und 6. März 1919 auf Anordnung der Staatsministerien der Justiz und des Innern für Richter, Strafanstaltsbeamte, Ärzte abgehalten habe; die Vorträge stützen sich auf 38 monatliche Tätigkeit als Chefarzt eines ständig eingesetzten Feldlazaretts im Westen und auf eine neunmonatliche Tätigkeit als leitender Arzt einer Neurotikerstation und als Chefarzt eines Sonderlazaretts für geistes- und nervenkranke Heeresangehörige.

Inhaltsverzeichnis.

Die Schwierigkeiten des Problemes.

Es ist mir die Aufgabe gestellt, zu sprechen über den Einfluß, welchen Kriegsbeschädigungen auf die Zurechnungs-, Verhandlungs- und Straferstehungsfähigkeit der Kriegsteilnehmer ausüben.

Im Volksbewußtsein liegt die Frage einfach:

Manche Kriegsteilnehmer benehmen sich wie Unzurechnungsfähige. Schon der Anblick zeigt, welch' beklagenswerte Menschen das sind. Vor dem Kriege waren sie gesund. Sie sind also durch die unendlichen Schrecken des Krieges, durch Verwundungen, Verschüttungen, Krankheiten so geworden. Wenn sie sich verfehlen, so ist das eine Folge der im Kriege erworbenen Störung. Es ist selbstverständliche Pflicht, daß wir ihnen zu den Nachteilen der Gesundheitsstörung nicht auch noch den Makel und die Lasten einer Strafe aufbürden.

Auf den ersten Blick scheint diese Auffassung einfach, klar, logisch, leicht zu berücksichtigen.

Sobald man dem Probleme näher rückt, ergibt sich eine Fülle von Schwierigkeiten.

Zunächst die Schwierigkeit festzustellen, ob ein Angeklagter tatsächlich Kriegsteilnehmer im Sinne des Volksbewußtseins ist, d. h. wirklich längere Zeit in vorderster Linie stand.

Es ist dabei zu würdigen: Stand er überhaupt in vorderster Linie? In einem ruhigen oder unruhigen Abschnitt? Zu einer ruhigen oder unruhigen Zeit? In einer guten oder in einer schlechten Stellung? Hat er wirklich an Kampfhandlungen teilgenommen oder hat er nicht vielleicht in der Garnison oder in der Etappe oder hinter der vordersten Linie bequemer, besser, sorgenfreier gelebt, als er in der Heimat gelebt haben würde? Alle diese Fragen sind von besonderer Bedeutung, da die in Frage kommenden Personen zu einem großen Teil nur zeitweise im Felde standen und vielfach im Felde nicht in vorderster Linie verwendet wurden. Die Berichte des Angeklagten, seine Auszeichnungen geben ja gewisse Anhaltspunkte, aber diese Anhaltspunkte sind gerade bei den in Frage kommenden Personen nicht ganz selten unzuverlässig, da manche von ihnen zu unwahren Angaben geneigt sind und unberechtigt Auszeichnungen tragen; und dann wissen wir ja alle, daß Auszeichnungen nicht nur an Helden verliehen worden sind. Der Eintrag im Soldbuch über mitgemachte Gefechte beweist nur, daß der Truppenteil des Angeklagten im Gefechte stand, nicht aber, daß der Angeklagte selbst am Gefechte teilgenommen hat: er kann in sicherer Entfernung bei einem Stabe, bei einer Küche, in einer Kantine, in einem Büro gewesen sein. Die besten Anhaltspunkte gibt immer noch das Studium des Rentenaktes und der Krankenblätter.

Dann die Schwierigkeit festzustellen, inwieweit die krankhaften Veränderungen Folgen der Teilnahme an den Kriegshandlungen sind, inwieweit sie durch Veranlagung, durch Ursachen, die nicht in direktem Zusammenhange mit dem Kriegsdienst in vorderster Linie stehen, durch bestimmte Wunschrichtungen, durch die allgemeinen Schädlichkeiten des Krieges und der Zeitereignisse bedingt sind. Die Bedeutung dieses Momentes geht daraus hervor, daß unter 100 beliebig herausgegriffenen Kriegsneurotikern rund $^1/_6$ die Krankheit bekam, ohne daß sie jemals im Felde gewesen wären.

Die Meinung, daß eine Militärrente, Kriegszulage die Teilnahme an Kampfhandlungen beweise, ist nicht zutreffend: Nach den militärischen Bestimmungen gelten als Dienstbeschädigungen diejenigen Gesundheitsstörungen, welche infolge einer Dienstverrichtung oder durch einen Unfall während der Ausübung des Dienstes eingetreten oder durch die dem Militärdienst eigentümlichen Verhältnisse verursacht oder verschlimmert sind; Kriegsbeschädigung ist bei allen Dienstbeschädigungen anzunehmen, die auf die besonderen Verhältnisse des Krieges zurückzuführen sind. Dieser ursächliche Zusammenhang ist im Kampfgebiete — abgesehen von seltenen Ausnahmeverhältnissen — ohne weiteres als gegeben zu betrachten; im Heimatgebiet ist eine Feststellung des Zusammenhanges unerläßlich. Es genügt, wenn ein ursächlicher Zusammenhang ausreichend wahrscheinlich gemacht wird, dagegen genügt (für das Heimatgebiet) die Möglichkeit eines ursächlichen Zusammenhanges nicht; der Gutachter hat sich darüber auszusprechen, ob ein solcher Zusammenhang erwiesen, wahrscheinlich, zweifelhaft oder nicht annehmbar sei.

Es ist demnach auch der Umstand, daß ein früherer Heeresangehöriger Rente und Kriegszulage bezieht, kein Beweis dafür, daß er wirklich längere Zeit in vorderster Linie stand, daß er wirklich mehr geleistet hat, als der in der Heimat Zurückgebliebene: praktisch genügt ja bei der allgemein gewünschten möglichst wohlwollenden Auslegung der Bestimmungen der bloße Aufenthalt im Operationsgebiete, in der Regel sogar der Aufenthalt in der Etappe, um bei Störungen der Gesundheit, die während der militärischen Dienstleistung auftraten, den ursächlichen Zusammenhang und damit Kriegsbeschädigung anzunehmen, Rente und Kriegszulage zu gewähren.

Auch bei den Mannschaften, die lediglich in der Heimat Dienst gemacht haben, ist eine weitgehende Gewährung von Rente möglich, da der Kreis der Gesundheitsstörungen, die durch die dem Militärdienst eigentümlichen Verhältnisse verursacht oder verschlimmert werden, ein außerordentlich großer ist.

Eine weitere Schwierigkeit: Die Störungen der Kriegsneurotiker, die für unsere Betrachtungen in erster Linie in Frage kommen, neigen bei gemütlicher Erregung zu Rückfällen, zu Verschlechterung.

Sollen wir einen Kriegsneurotiker, der einige Monate oder einige Jahre nach dem Kriege infolge der Aufregungen eines gerichtlichen Verfahrens einen Rückfall seiner Kriegsneurose erleidet, noch als Kriegsbeschädigten betrachten oder wo und wie sollen wir da die Grenze ziehen zwischen Kriegsbeschädigten und anderen Angeklagten?

Eine weitere Schwierigkeit liegt darin, in einem bestimmten Falle festzustellen, inwieweit die strafbaren Handlungen Folgen der Kriegsbeschädigung sind; die Bedeutung dieser Schwierigkeit ergibt sich aus der Tatsache, daß über die Hälfte der mit den militärischen Strafgesetzen in Konflikt geratenen Kriegsbeschädigten schon vor dem Einrücken zum Heeresdienste wegen ähnlicher Verfehlungen vorbestraft war und daß unter den nervös Kriegsbeschädigten, die nach dem Ausscheiden aus dem Heeresdienste mit dem bürgerlichen Strafgesetze in Konflikt geraten, der Prozentsatz der Vorbestraften noch größer zu sein scheint. Vielfach wurzeln strafbare Handlungen nicht direkt in der Kriegsbeschädigung, sondern in dem Vertrauen auf die Unzurechnungsfähigkeit, d. h. in der Hoffnung des Täters, er werde in Rücksicht auf sein Leiden nicht zur Rechenschaft gezogen werden. Vielfach wurzeln sie in der Zuversicht, daß doch bald wieder eine Amnestie Straffreiheit bringen werde.

In den Fällen, in denen der direkte Zusammenhang sich nachweisen läßt, ergibt sich die weitere Frage: Wie kann der Richter dem Umstande, daß der Angeklagte ein Opfer des Krieges, seine strafbare Handlung eine Folge seines krankhaften Zustandes ist, Rechnung tragen?

Darüber, daß jeder überführte Angeklagte, er mag dem Vaterlande auch die höchsten und größten Dienste geleistet haben, nur dann freigesprochen werden darf, wenn ein Zustand von Bewußtlosigkeit oder von krankhafter Störung der Geistestätigkeit vorliegt, der die freie Willensbestimmung zur Zeit der Begehung der strafbaren Handlung ausschloß, kann ein Zweifel nicht obwalten; ein solcher Zustand liegt aber bei den nervös Kriegsbeschädigten im Gegensatze zu der im Volke verbreiteten Auffassung nur ganz selten vor.

Eine geminderte Zurechnungsfähigkeit, die am häufigsten in Frage kommen würde, kennt unser veraltetes Strafgesetzbuch nicht.

Mildernde Umstände sind bei gewissen Reaten nicht angängig. Die bedingte Begnadigung ist praktisch recht erschwert.

Der Richter ist vielfach durch Mindeststrafen gebunden. Eine Berücksichtigung im Strafvollzug ist nur in sehr beschränktem Umfange möglich.

Es wird unsere Aufgabe sein zu erörtern, ob nach psychiatrischen Gesichtspunkten eine Änderung der Gesetzgebung hinsichtlich der Kriegsteilnehmer im Interesse der Kriegsbeschädigten und im Interesse der Allgemeinheit angezeigt ist.

Dabei werden wir die Frage zu prüfen haben, ob die zu erwartenden ethischen und praktischen Vorteile so groß sind, daß sie den Erlaß neuer Gesetze rechtfertigen, trotz der Abneigung, die in weitesten Kreisen gegen eine Vermehrung der Gesetze und Verordnungen besteht.

Wenn wir zu einer Bejahung dieser Frage kommen sollten, würde noch die außerordentliche Schwierigkeit einer all' den sehr komplizierten Verhältnissen Rechnung tragenden Formulierung zu überwinden sein.

Die Kopfschüsse mit Hirnverletzung.

Am klarsten liegt der Zusammenhang zwischen geistiger Störung und aktiver Teilnahme am Kriege zutage bei den Kopfschüssen mit Hirnverletzung.

Jahrelang hat der Krieg in großen Abschnitten die Form des Stellungskrieges angenommen. Im Stellungskriege ist gewöhnlich der Kopf der einer Verwundung am meisten ausgesetzte Körperteil, besonders solange der Kopf noch nicht durch den Stahlhelm geschützt war.

Die Zahl der Kopfschüsse ist eine sehr große: es ist anzunehmen, daß sich unter den 5,4 Millionen Verwundeten und 1,8 Millionen Toten rund $^1/_5$ = fast 1,5 Millionen Schädelverwundungen befinden. Auch wenn wir berücksichtigen, daß das Gehirn nur einen Teil des Schädels einnimmt, mithin nur bei einem Bruchteil der Kopfschüsse direkt beschädigt sein wird, müßte man doch eigentlich eine enorme Anzahl von geistigen Defekten nach Schädelverletzungen erwarten, zumal da in der Heimat vielfach noch die Ansicht herrscht, daß ein verhältnismäßig großer Bruchteil der Hirnverletzten mit dem Leben davonkomme; diese Ansicht gründet sich auf die Tatsache, daß in den Heimatlazaretten die Sterblichkeit infolge von Kopfschüssen verhältnismäßig sehr gering war. Tatsächlich ist die Zahl der geistigen Defektzustände infolge von Hirnschüssen verhältnismäßig gering; ich möchte sie für den Bereich eines Armeekorps nach den Mitteilungen des Sachverständigen für Hirnbeschädigte im I. Bayr. A.-K. Prof. Dr. Isserlin, die sich mit meinen Erfahrungen decken, auf etwa 1000, für Bayern mithin auf 3000, für Deutschland auf rund 30000 schätzen. Diese Ziffer wird verständlich, wenn wir berücksichtigen, daß die Mehrzahl der den Schädel treffenden Geschoße das Gehirn nach Sitz und Verlaufsrichtung gar nicht direkt berührte und daß ein weiterer erheblicher Bruchteil, der besonders seit Einführung des Stahlhelms recht beträchtlich ist, das Gehirn nicht zu erreichen vermochte, sondern in den Weichteilen oder in den Knochen des Schädels stecken blieb. Diese das Gehirn und seine Hüllen nicht direkt verletzenden Schüsse nehmen durchschnittlich einen günstigen Verlauf und beeinträchtigen auch nur relativ selten die Leistungen des Gehirns.

Umgekehrt enden diejenigen Schädelverletzungen, durch die das Gehirn oder seine Hüllen direkt beschädigt wurden, bei einem sehr hohen Prozentsatz der so Verletzten tödlich. Das scheint in Widerspruch zu stehen mit der Seltenheit der Todesfälle infolge von Kopfschüssen in den Heimatlazaretten; es ist aber anzunehmen, daß unter den Gefallenen fast die Hälfte = fast 3/4 Millionen infolge Kopfschuß gestorben ist. Das stimmt mit unseren Erfahrungen im Felde durchaus überein: Es ist Tatsache, daß ein sehr hoher Prozentsatz der Kopfschüsse mit Gehirnverletzungen schon auf dem Kampfplatze tot bleibt; ein erheblicher Teil der Hirnverletzten erreicht zwar die ersten ärztlichen Versorgungsstätten des Heeres, den Hauptverbandplatz und das Feldlazarett, in selteneren Fällen die Lazarette der Etappe noch lebend, stirbt aber dort im Laufe der ersten Wochen an den direkten oder indirekten (Druckbrand, Schluckpneumonie, Harnverhaltung, Infektion der Harnwege, Eiterungen, Erschöpfung usw.) Folgen der Hirnzerstörung oder an den Folgen der leider so sehr häufig eintretenden Hirneiterungen und eiterigen Hirnhautentzündungen. In die Heimat gelangt in der Regel nur ein kleiner Prozentsatz der Hirnverletzten und auch dieser kleine Prozentsatz erfährt durch Spätabszesse eine im Vergleiche zur Gesamtzahl der in die Heimat zurückgelangten Hirnbeschädigten nicht unbeträchtliche Abnahme, wenn auch die absolute Ziffer der so Gestorbenen nicht sehr hoch ist, weil eben nur ein verhältnismäßig kleiner Bruchteil der Hirnverletzten lebend wieder die Heimat erreichte.

Die Schußverletzungen des Gehirns und seiner Häute führen in der Regel zu mehr oder minder ausgesprochenen geistigen Defektzuständen, d. h. zu einer Abschwächung der geistigen Leistungen, vielfach verbunden mit Andeutungen von körperlichen Ausfallserscheinungen, nicht ganz selten mit Krämpfen. Die Abschwächung der geistigen Leistungen erstreckt sich zuweilen nur auf die höheren Leistungen und kommt weniger in einer Schwächung der Intelligenz als in einer Veränderung der Persönlichkeit nach der ungünstigen Seite hin, in einer verminderten Widerstandsfähigkeit gegen innere Antriebe und äußere Schädlichkeiten zum Ausdruck.

D i e k r i m i n e l l e B e d e u t u n g ist nicht erheblich, da, wie schon erwähnt, die Zahl dieser direkt Hirnverletzten nicht sehr groß ist und da diese Defektzustände in der Regel nicht zu strafbaren Handlungen neigen.

Am häufigsten kommen noch Affekthandlungen vor, besonders unter dem Einflusse des Alkohols, dem gegenüber die Hirnverletzten eine geringe Widerstandsfähigkeit zu besitzen pflegen.

Auch für den nicht ärztlichen Beobachter sind die Hirnverletzten gewöhnlich dadurch leicht erkennbar, daß in der sonst straffen, in glatten Linien verlaufenden Kopfhaut tiefere Einsenkungen, bedingt durch Knochenlücken, vorhanden sind; in der Tiefe der Einsenkung ist zuweilen Pulsation, d. h. ein mit dem Herzschlage im Rhythmus übereinstimmendes Hervor- und Zurücktreten für die tastende Hand fühlbar, in selteneren Fällen auch für das beobachtende Auge sichtbar.

In allen Fällen, in denen die Wahrscheinlichkeit einer Hirnverletzung durch diesen Befund oder durch die Verlaufsrichtung des Schusses oder durch die Angaben des Angeklagten gegeben erscheint, ist das militärische Krankenblatt zu erholen; in jedem Falle, in welchem das Krankenblatt die direkte Verletzung des Gehirnes oder seiner Häute bestätigt, halte ich fachärztliche Begutachtung für angezeigt; war die Tat eine Affekthandlung und erfolgte sie nach Alkoholgenuß, so ist fachärztliche Begutachtung unbedingt geboten.

Der begutachtende Facharzt wird auf Grund einer eingehenden psychiatrischen und neurologischen Untersuchung, die zweckmäßig in nicht ganz klaren Fällen durch Röntgenaufnahme des Schädels in zwei Ebenen zu ergänzen ist, sein Gutachten abgeben; er wird sich dabei vor Augen halten, daß bei direkter Hirnverletzung, besonders durch Infanteriegeschoße, fast ausnahmslos Knochensprünge und zwar häufig auch an der Basis des Schädels vorliegen und daß in der Regel auch eine schwere Erschütterung des Gehirnes mit der Verwundung verbunden war; er wird sich die enorme Häufigkeit der organischen Schädigungen des Gehirnes, insbesondere der kleinsten Blutungen auch in Hirnpartieen, die entfernt vom Orte der direkten Gewalteinwirkung liegen, vor Augen halten; er wird nicht vergessen dürfen festzustellen, ob Anhaltspunkte dafür vorliegen, daß der Angeklagte seit der Verwundung eine Änderung der Persönlichkeit zeigt; alle diese Erwägungen werden den Begutachter bestimmen, in allen Fällen, die nicht einwandfrei als zurechnungsfähig geklärt sind, begründete Zweifel an der Zurechnungsfähigkeit zu äußern.

Die Schädelverletzungen mit indirekter Schädigung des Gehirnes.

Wesentlich größer ist die Zahl und Bedeutung der Fälle, in denen zwar eine direkte Verletzung des Gehirnes nicht eintrat, in denen aber eine indirekte Schädigung des Gehirns erfolgte, indem durch das Auftreffen des Geschosses (oder bei Verschüttungen durch das Auftreffen harter Gegenstände) Knochensprünge, Knochenbrüche auf der Höhe (Konvexitätsfrakturen, Schädeldachbrüche) oder am Grunde des Schädels (Basisfrakturen), Blutungen in die Hirnhäute oder in die Hirnsubstanz, Gehirnerschütterungen und damit Veränderungen in der Hirnsubstanz herbeigeführt wurden; solche Veränderungen treten besonders ein, wenn das Geschoß mit erheblicher Geschwindigkeit den Schädel traf, also besonders bei Infanterieschüssen im Schützengrabenkampfe, der sich ja meist aus der Nähe abspielte, und bei gewissen Granatverletzungen. Besonders wichtig sind die Fälle, in denen das Geschoß den Knochen tangential traf und ihn nicht durchbohrte, wohl aber Absprengung von Knochenstücken des inneren Schädeldaches herbeiführte, die in das Hirn eindrangen oder das Hirn durch Druck beschädigten.

Diese Fälle beginnen meist mit einer an die Schädigung unmittelbar sich anschließenden Bewußtlosigkeit, die stundenlang, in selteneren und meist schwereren Fällen tagelang, ganz ausnahmsweise auch wochenlang anhalten kann. Eine solche Bewußtlosigkeit muß dann besonders ernst genommen werden, wenn sie von Erbrechen oder Blutungen aus Mund, Nase, Ohren oder von Blutunterlaufung beider Augen ohne direkte Verletzung der Augengegend gefolgt war und wenn sich im Krankenblatt eine Pulsverlangsamung oder als weniger sicheres Zeichen eine Erinnerungslücke vermerkt findet.

In diesen Fällen können sich allmählich geistige Defektzustände entwickeln: die Kranken klagen über Kopfschmerz; Empfindlichkeit des Schädels beim Beklopfen, Schwindelgefühle; sie werden vergeßlich, leicht abgespannt, machen einen zerstreuten Eindruck, ermüden leicht, erleiden Einbuße in ihrer Intelligenz, werden reizbar, besonders nach Genuß von Alkohol, gegen den sie sehr empfindlich (alkoholintolerant) zu sein pflegen. Nach Alkoholgenuß kommt es zuweilen zu pathologischen Rauschzuständen, d. h. Rauschzuständen mit pathologisch starker Einengung des Bewußtseins. Selten treten Anfälle, Krämpfe, Ohnmachten, d. h. epilepsieartige Zustände, auf.

Die Erscheinungen entwickeln sich oft schleichend, in einzelnen Fällen werden sie der Umgebung erst längere Zeit nach der Verletzung, erst nach Monaten, ja erst nach Jahr und Tag erkennbar, Anfälle zuweilen erst nach Jahren. Die geistige Schwäche ist in der Regel nicht sehr beträchtlich. Vgl. Tabelle S. 14.

Die Symptome der indirekten Hirnschädigung.

	Demenz (abgesehen von den epileptischen Fällen)	Merkfähigkeits- und Gedächtnisstörungen	Initiale Bewußtlosigkeit in der Dauer von bis $^1/_2$ h	bis 12h	bis 3 Tage	3 bis 8 Tage	Schädigung des inneren Ohres	Beteiligung von Gehirnnerven	Blutung aus Ohren, Nase, Mund	VIII. VII. I. Gehirnnervenschädigung Ohr	Gesicht	Geruch	Gröbere Herdsymptome	Traumatische Epilepsie	
140 Fälle Contusio capitis (Schädelkontusion) .	—	25 %	—	—	—	—	8 %							—	
200 Fälle Commotio cerebri (Hirnerschütterung)	5,5 %	37 %	59 %	27 %	10 %	4 %	30 %							1 %	Bei fast der Hälfte (46,4 %) der Epileptiker Demenz, bei fast einem Viertel (23 %) Jackson'sche Epilepsie
60 Fälle Bruch des Schädeldaches	3,3 %	26,6 %	11 %	18 %	27 %	22 %	64 %						36,7 %	4 %	
100 Fälle Bruch des Schädeldaches . .	2,0 %	20 %	11 %	32 %	29 %	24 %	30 %	78 %	72 %	54 %	20 %	10 %		11,7 %	
90 Fälle Bruch des Schädeldaches: Statistik Sünner										49 %	10 %	4 %		alle Fälle im 1.–12. Monat nach dem Unfall eingetreten	
90 Fälle Bruch des Schädeldaches: Statistik Graf										—	27 %	3 %			
58 Fälle Bruch des Schädeldaches: Statistik Heers										16 %	17 %	—			

Nach Horn, Ztschr. f. d. ges. Neur. u. Psych. Bd. 34 S. 265 (Friedensstatistik! Die Statistik der entsprechenden Verletzungen des Schädels nach Verwundungen, besonders nach Verwundungen durch Infanteriegeschoß im Nahkampf, wird durchschnittlich noch schwerere Befunde ergeben!)

Die Erscheinungen, die bei und nach diesen indirekten Hirnverletzungen auftreten können, sind nachstehend zusammengestellt.

Symptome der Gehirnerschütterung.

			Bei Nachuntersuchten Ewald
Kopfschmerz	bei 100%		58%
Schwindelgefühl bes. bei Bücken . .	bei fast 100%		58%
Alkoholintoleranz .	bei Mehrzahl	oft auch Nikotinintoleranz	
Merkfähigkeits- und Gedächtnisstörungen . .	häufig		27%
Ermüdungssymptome .	weniger häufig		
Erhöhte Reizbarkeit	42%		25%
Demenz . . .	5,5%		
Leichtes Zittern	47%		
Störungen der höheren Sinnesorgane fast	90%	(meist im Sinne der Überreizung)	
Cardiovasculäre Symptome	20%		
Beschleunigung und Labilität des Pulses .	10%		
Steigerung des systolischen Blutdruckes	6%		
Labyrintschädigungen . .	27%		

Die Frage der Zurechnungsfähigkeit ist von Fall zu Fall genau zu prüfen. Im pathologischen Rauschzustande kann die Zurechnungsfähigkeit ausgeschlossen sein, im übrigen ist sie ausgeschlossen in der Regel nur bei gewissen Reaten (Affekthandlungen!) und beim Vorliegen komplizierender Momente (Komplikation mit konstitutioneller Minderwertigkeit oder Schwachsinn oder Alkoholgenuß.)

In der Regel ist die Zurechnungsfähigkeit gemindert. Eine Minderung der Zurechnungsfähigkeit nehme ich bei allen Schädelschüssen an, in denen durch Röntgenaufnahme in zwei Ebenen Absprengungen der Tabula interna, eine ausgesprochene Knochendepression, Knochensprünge, Zeichen einer Basisfraktur oder durch das Krankenblatt eine grobe Gewalteinwirkung und eine anfängliche Bewußtlosigkeit oder eine Basisfraktur nachgewiesen ist, wenn eine Veränderung der Persönlichkeit gegen früher, in einer vom Typus des reinen Kriegsneurotikers abweichenden Form wahrscheinlich gemacht ist. Eine nach der Verwundung aufgetretene Neigung zu krimineller Betätigung kann dabei als Beleg für eine Veränderung der Persönlichkeit in Rechnung gestellt werden.

Diese meine Stellungnahme weicht etwas ab von der sonst üblichen, die sich ausschließlich auf den klinischen Befund stützt; ich habe aber unter den sehr vielen Schädelsektionen, die ich im Felde machte, doch so häufig mehr oder minder ausgedehnte feinste Blutungen bei relativ nicht so schweren Gewalteinwirkungen an ganz entlegenen Stellen des Gehirnes gefunden, daß ich dieser Beobachtung glaube Rechnung tragen zu müssen; ich glaube, daß in der überwältigenden Mehrzahl der Fälle dem Vorhandensein solcher anatomischer Veränderungen auch ein klinischer Befund entsprechen wird, aber das, was wir als Gesundheitsbreite bezeichnen, läßt immerhin so beträchtliche Differenzen zu, daß ein Befund sich noch annähernd in den Grenzen des Normalen halten kann, trotzdem infolge der Schädigung des Gehirns eine Veränderung der Persönlichkeit eingetreten ist, die zwar noch annähernd innerhalb der Gesundheitsbreite liegt, der wir aber meines Erachtens gerade bei den Kriegsteilnehmern durch Empfehlung für Zubilligung mildernder Umstände oder für eine mildere Beurteilung Rechnung tragen müssen.

Die Tatsache, daß anfängliche Zustände von Bewußtlosigkeit den Begutachter zu einer ernsteren Auffassung veranlassen, ist unter den Neurotikern, besonders unter den kriminellen Neurotikern, ziemlich allgemein bekannt. Die Angaben der Angeklagten selbst sind daher mit großer Vorsicht zu betrachten.

In all' den Fällen von Schädelverletzungen, in denen eine Bewußtlosigkeit, besonders eine länger dauernde Bewußtlosigkeit, angegeben wird, in allen Fällen, in denen die Tat im Widerspruch steht mit dem Vorleben, ist Zuziehung des Gerichtsarztes erforderlich; Aufgabe des Gerichtsarztes wird es sein, die militärischen Krankenblätter einzufordern, unter Umständen Röntgenaufnahme zu veranlassen. Ergibt sich nach Erhebung der militärischen Krankenblätter, daß tatsächlich eine Bewußtlosigkeit oder ein Knochenbruch vorgelegen hat, so wird in der Regel eine fachärztliche Begutachtung in einer Anstalt angezeigt sein.

Die überwältigende Mehrzahl der Fälle, die nach Kopfverletzungen ohne direkte Beschädigung des Gehirns und seiner Häute Zeichen psychischer Störung bieten, gehört zur Gruppe der Kriegsneurotiker; es ist aber auch für den ärztlichen Begutachter, soferne ihm nicht alle psychiatrischen und neurologischen Hilfsmittel zur Verfügung stehen, in manchen Fällen sehr schwierig zu entscheiden, ob sich neben den oft sehr in die Augen springenden Zeichen der Kriegsneurose nicht doch noch leichte Anzeichen einer organischen Schädigung des Gehirns finden.

Die Störungen nach Hirnschüssen, nach Gehirnerschütterungen nennen wir organische Störungen; sie beruhen auf Änderungen der Gehirnsubstanz, auf Veränderungen des Organes, die wir nach dem Tode nachweisen können; sie sind im Beharrungszustande einer Heilung nicht mehr zugänglich, da unser Gehirn nur in geringem Umfange die Fähigkeit zu reparatorischem Ersatze untergegangenen Nervengewebes hat.

Die Änderungen, die wir bei den Kriegsneurotikern finden, nennen wir funktionelle Veränderungen, d. h. wir fassen sie als Veränderungen auf, die den Bau, die Struktur des Nervengewebes, im wesentlichen unverändert lassen und daher auch mikroskopisch im allgemeinen nicht nachweisbar sind; die funktionellen Veränderungen sind mehr oder minder vollkommen heilbar; die hier in Frage kommenden funktionellen Änderungen entstehen psychogen, d. h. von der Seele aus, durch funktionelle im Gehirn sich abspielende Vorgänge und Zustände.

Wir müssen also unterscheiden zwischen den organischen Veränderungen nach Hirnschüssen und Gehirnerschütterungen und den funktionellen, psychogenen Veränderungen bei den Kriegsneurotikern.

Nun ergibt sich aber eine große Schwierigkeit: Die Symptome der funktionellen Störungen finden sich nicht selten auch bei organischen Veränderungen des Zentralnervensystems; es ist auch in Laienkreisen bekannt, daß nervöse Erscheinungen bei der progressiven Paralyse (Gehirnerweichung), bei der Tabes (Rückenmarksschwindsucht), der multiplen Sklerose, bei Hirngeschwülsten, nach Schlaganfällen, ja im Krankheitsbilde der Dementia praecox (Jugendirresein) sich finden; wir wissen ferner, daß nach Verletzungen von Nerven oft neben den organischen, durch die Verletzung des Nerven bedingten Erscheinungen noch funktionelle, psychogene, d. h. von der Seele aus entstandene Veränderungen sich finden.

Wir dürfen uns also, wenn wir einen Schädelverletzten vor uns haben, der ausgesprochen das Bild eines Kriegsneurotikers bietet, der das charakteristische Zittern, die typischen Anfälle usw. zeigt, nicht dabei beruhigen, daß wir sagen: der Mann hat alle Erscheinungen eines Neurotikers, also ist er ein Neurotiker und höchstens als leicht gemindert zurechnungsfähig zu erachten, sondern wir müssen den Angeklagten, trotzdem sein Krankheitsbild vollkommen klar scheint, gründlichst vom Kopf bis zu den Füßen neurologisch und psychiatrisch untersuchen, denn nicht häufig, aber doch in einzelnen Fällen werden wir neben den neurotischen, funktionellen Symptomen Zeichen einer organischen Veränderung finden, die uns unter Umständen veranlassen werden, die Zurechnungsfähigkeit als aufgehoben oder doch als fraglich oder erheblich gemindert zu bezeichnen, d. h. bei keinem Schädelverletzten dürfen wir, auch wenn er alle charakteristischen Zeichen eines Kriegsneurotikers zeigt, eine reine Neurose annehmen, bevor wir nicht mit allen Mitteln der Wissenschaft die Möglichkeit einer gleichzeitigen, organischen Schädigung des Gehirns ausgeschlossen haben.

In der Verhandlung und im Strafvollzug machen organisch Schädelverletzte keine Schwierigkeiten, doch können einigermaßen schwere Fälle einer längeren Verhandlung kaum folgen.

Die kriminelle Bedeutung der organisch Schädelverletzten ist zurzeit nicht groß, da ihre Neigung zu krimineller Betätigung nicht erheblich ist; sie wird sich mit Zunahme des Alkoholkonsumes nicht unwesentlich erhöhen.

Die Geisteskrankheiten.

Die in weiten Kreisen des Volkes herrschende Auffassung, daß Geisteskrankheiten eine häufige Erscheinung bei Kriegsteilnehmern, eine häufig vorkommende Form der Kriegsbeschädigung seien, ist nicht zutreffend; besonders ist die Auffassung unrichtig, daß sich Geisteskrankheiten häufig auf Grund der schrecklichen Eindrücke, denen der Soldat in vorderster Linie ausgesetzt ist, entwickeln können;

ich habe unter weit mehr als 20000 Verwundeten und Kranken während meiner Tätigkeit im Felde außer Fieberdelirien, Infektionsdelirien, Schädigungen durch Schädelververletzungen, einigen Paralytikern nur einige wenige psychogene Ausnahmezustände gesehen, jene meist rasch vorübergehenden, leichtesten Formen der Geistesstörung, die als Reaktion auf starke gemütliche Anspannung und schwere seelische Eindrücke bei vorher disponierten Menschen aufzufassen sind; ich werde auf diese Zustände bei Besprechung der Kriegsneurotiker zurückkommen.

Ausgesprochene Geisteskrankheiten kommen in recht mäßiger Anzahl und fast nur als indirekte Folge der Kriegsteilnahme vor, so kann sich die Dementia praecox (das Jugendirresein) entwickeln nach gewissen im Felde erworbenen Infektionskrankheiten, nach Gesichtsrose, nach Typhus, nach Scharlach, nach Eiterungen, vielleicht auch nach Schädel- und Hirnverletzungen, nach Sonnenstich, nach gewissen Gasvergiftungen (Kohlenoxydvergiftung).

Die Zahl dieser so zu erklärenden Fälle von Dementia praecox ist nicht groß; der Zusammenhang mit der Teilnahme an den Kampfereignissen ein lockerer, die forense Bedeutung gering; es ist nur von Bedeutung zu wissen, daß die Diagnose gewisser Fälle von Dementia praecox im Anfang sehr schwierig und zuweilen eine Verwechselung mit psychogenen Zuständen, wie sie die Kriegsneurotiker zeigen, leicht möglich ist; auch die Haftpsychosen, d. h. die im Strafvollzug entstehenden Zustände reaktiver Geistesstörung, sind oft von einer Dementia praecox nicht leicht zu unterscheiden.

Immerhin wird Gesichtsrose, Typhus, Scharlach, lange dauernde Eiterung in der Anamnese eines Kriegsteilnehmers Veranlassung geben, besonders beim Vorliegen anderer Gründe und besonders bei früher nicht straffällig gewordenen Angeklagten eine Begutachtung zu veranlassen.

In zunehmender Häufigkeit wird sich im nächsten Dezennium die progressive Paralyse (Gehirnerweichung) als Folgezustand einer im Felde oder während des Heeresdienstes erworbenen Syphilis geltend machen.

Es ist bekannt, daß die Geschlechtskrankheiten im Heere eine recht beträchtliche Ausdehnung gewonnen haben. Ein gewisser Prozentsatz der Syphilitiker (etwa 5%) erkrankt später an Paralyse.

Daß die Zahl der Paralytiker nicht schon jetzt eine wesentliche Zunahme erfahren hat, erklärt sich daraus, daß diese Krankheit frühestens drei Jahre, zuweilen erst 10, 15, 20 Jahre nach der Ansteckung auftritt. Es ist demnach klar, daß die Zunahme eine allmähliche sein und erst gegen Mitte der 20er Jahre unseres Jahrhunderts ihre Höhe erreichen wird. Die Paralyse ist in manchen Fällen und sie ist fast regelmäßig in ihren Anfangsstadien recht schwer, zuweilen fast nur aus dem serologischen Befund festzustellen. Es ist ja bekannt, daß die Paralyse vielfach mit unbestimmten nervösen Erscheinungen beginnt. In den nächsten Jahren wird es in zunehmendem Maße Pflicht sein, bei strafbaren Handlungen von Kriegsteilnehmern nach Syphilis in der Vorgeschichte zu forschen (Ansteckung, Ausschläge, Einspritzungen in den Arm, in das Gesäß, Einreibungen mit grauer Salbe; Totgeburten, Fehlgeburten, Kinderlosigkeit, Todesfälle der Kinder in zartem Alter bei der Ehefrau) und beim Vorliegen weiterer Verdachtgründe, besonders bei krimineller Betätigung von früher nicht bestraften Personen, die Untersuchung des Blutes nach Wassermann zu veranlassen; ergibt diese ein negatives Ergebnis, so ist der Fall damit für praktische Zwecke genügend geklärt als nicht verdächtig auf Paralyse.

Die forense Bedeutung der progressiven Paralyse ist nicht sehr beträchtlich; am ersten kommen noch meist plumpe Betrugsreate, Diebstähle, Sittlichkeitsdelikte, Affekthandlungen in Betracht. An der Zurechnungsfähigkeit bestehen so gut wie ausnahmslos begründete Zweifel.

Auch Zustände von Syphilis des Zentralnervensystems (Gehirnsyphilis) werden im nächsten Dezennium in zunehmender Anzahl zur Beobachtung gelangen; sie äußern sich in einem oft nur geringgradigem Schwachsinn mit wechselnden Lähmungserscheinungen und haben nur geringe forense Bedeutung.

Progressive Paralyse und Gehirnsyphilis gelten gesetzlich in der Regel nicht als Dienstbeschädigung, daher auch nicht als Kriegsbeschädigung und gestatten in der Regel nicht die Gewährung einer Rente.

Daß epilepsieähnliche Zustände sich nach schweren Schädelverletzungen finden, wurde schon erwähnt. In der Mehrzahl der Fälle mit Anfällen, Bewußtseinseinengungen wird es sich um psychogene Zustände von Kriegsneurotikern, nicht um epilepsieähnliche Zustände nach organischer Hirnschädigung handeln; jeder schädelverletzte Angeklagte mit Anfällen ist jedoch der ärztlichen Untersuchung zuzuführen, die vielfach Veranlassung geben wird zur Anstaltsbeobachtung.

Von den übrigen in Betracht kommenden Störungen steht das manisch-melancholische Irresein (heitere Erregung, traurige Verstimmung) nur in einem äußerst lockeren ursächlichen Zusammenhang mit den Kriegsereignissen, höchstens in der Weise, daß ausnahmsweise der Eintritt eines bestimmten Anfalles durch bestimmte, besonders schädigende seelische Einflüsse ausgelöst werden kann; die kriminelle Bedeutung dieser vereinzelten Fälle von manisch-melancholischem Irresein ist gering, die Erkennung meist leicht, so daß sich ein Eingehen hier erübrigt.

Die übrigen in Betracht kommenden geistigen Störungen, die deliranten Zustände bei Fieber und bei Infektionskrankheiten, sind Störungen vorübergehender Art; nur nach einzelnen Infektionskrankheiten, besonders nach Typhus, finden sich ausnahmsweise dauernde Defektzustände; die Erkrankung ist meist augenscheinlich, die Kriminalität gering.

Vielleicht werden wir arteriosklerotische Störungen bei langjährigen Kriegsteilnehmern in den nächsten Dezennien etwas früher und etwas häufiger einsetzen sehen, da die körperlichen Anstrengungen und seelischen Erregungen der Kriegsteilnehmer wohl eine erhöhte Disposition zu vorzeitigem Eintreten von Gefäßveränderungen bedingen können.

Die Kriegsneurose.

Die praktische Bedeutung der bisher erwähnten Zustände nach organischen Hirnverletzungen und der ausgesprochenen Geisteskrankheiten ist gering gegenüber der Bedeutung jener großen Gruppe von Zuständen, die wir als Kriegsneurose, als Kriegshysterie, als Nervenschock, als Zweckneurose bezeichnen.

Ihnen allen ist das Bild von der Straße und vom Gerichtssaal her geläufig — das Bild des meist jungen, meist mit Auszeichnungen geschmückten Soldaten, der sich mühsam, mit eigentümlich ruckweisen Bewegungen am Stock fortschleppt, oder der am Arm, am Bein, am Kopf, einseitig oder auf beiden Seiten ein eigentümlich schüttelndes Zittern zeigt, oder dem ein Arm, ein Bein, eine Hand schlaff wie gelähmt herabhängt, oder der kein lautes Wort oder der nur stotternd die Worte herausbringt.

Die meisten von Ihnen haben gesehen, wie ein solcher Soldat plötzlich zu Boden stürzte und sich anscheinend bewußtlos unter Zuckungen am Boden wälzte.

Die meisten von Ihnen werden von Dämmerzuständen gehört haben, in denen sich Neurotiker anscheinend mehr oder weniger geordnet benahmen, aber bei getrübtem Bewußtsein waren.

Ihnen allen ist bekannt, daß solche Neurotiker, Kriegshysteriker, Nervenschockler relativ oft den Strafrichter beschäftigen.

Das Bild, das diese Kriegsneurotiker bieten, der bejammernswerte Eindruck, den sie machen, läßt verständlich erscheinen, daß der Laie ein Gefühl des Unbehagens nicht unterdrücken kann bei dem Gedanken, daß diese Opfer des Krieges für strafbare Handlungen verantwortlich gemacht werden sollen.

Was verstehen wir unter Kriegsneurotiker, Kriegshysteriker?

Kriegsneurotiker sind Personen, deren krankhafte Erscheinungen bedingt sind durch besondere funktionelle Zustände des Gehirnes, die zu Kriegszeiten infolge des Heeresdienstes oder während des Heeresdienstes in die Erscheinung getreten sind oder sich verschlimmert haben. Ich möchte zunächst darstellen, was wir über die krankhaften Erscheinungen, über die **Symptome** der Kriegsneurose wissen.

Das weitaus häufigste Symptom ist das Zittern, das sich allein oder im Verein mit anderen Symptomen bei etwa der Hälfte der Fälle findet.

An zweiter Stelle finden sich Gehstörungen bei etwa $^1/_5$ der Fälle.

Häufig finden sich ferner Sprachstörungen in Form der Stummheit oder des Stotterns;

ferner Kontrakturen, d. h. Zustände dauernder Anspannung, dauernden Krampfzustandes in gewissen Muskelgruppen, durch die das Bein im Hüft-, Knie- oder Fußgelenk, der Arm im Schulter-, Ellenbogen- und Handgelenk mehr oder minder fest in einer bestimmten Stellung fixiert ist;

seltener Anfälle;

ferner schlaffe Lähmungen.

Nicht ganz selten sind Blindheit und Taubheit; diese beiden Erscheinungen sind die stärksten und am meisten in die Augen fallenden Formen der häufigen

Empfindungsstörungen (Sensibilitätsstörungen); diese Störungen des Empfindungsvermögens sind häufig, sie betreffen ganze Glieder oder Teile von solchen oder eine Körperhälfte oder sie finden sich unregelmäßig über den Körper verstreut; ihre praktische Bedeutung ist, abgesehen von der Blindheit und Taubheit, sehr gering, da die Gefühllosigkeit oder die mangelnde Schmerzempfindung einzelner Körperteile oft dem Kranken gar nicht bekannt sind, jedenfalls weder sein Befinden noch seine Leistungsfähigkeit beeinträchtigen und nur bei genauer Prüfung für einen Dritten erkennbar sind; wahrscheinlich gehört auch ein großer Teil der im Felde so häufigen Fälle von Nachtblindheit hieher. Ich hatte im Felde den Eindruck, als ob bei verschiedenen Truppenteilen die einzelnen Symptome verschieden häufig gewesen seien — bei den einen gab es mehr Zitterer, bei den anderen waren Anfälle häufig; besonders bei den Fällen, die in Lazaretten begonnen oder sich verschlechtert haben, bildeten sich gewisse Typen aus, so wurde von einem Beobachter in einer Station gehäuftes Auftreten von eigentümlichen Schulterzuckungen konstatiert.

Bei Offizieren im Felde schienen mir die äußerlich unauffälligen Formen (Lähmungen usw.) häufiger vertreten zu sein, als Fälle mit auffälligen Erscheinungen (Zittern); ob es sich bei dem mehrmaligen Auftreten von ausgesprochen psychogenen Dämmerzuständen bei Offizieren um eine zufällige Häufung dieser im

Felde sonst nicht sehr häufigen Erscheinung handelt, kann ich nicht entscheiden.

Recht häufig finden sich mehrere der geschilderten Symptome, z. B. Gehstörung und Zittern; Kontrakturen und Zittern; Anfälle und Zittern, Anfälle und Lähmung nebeneinander, oder es tritt ein Wechsel im Orte der Erscheinung ein: die Lähmung, das Zittern, die Gefühllosigkeit verschwindet aus einem Körperteil, um in einem anderen Körperteil neu aufzutreten, oder es tritt ein Wechsel in den Symptomen ein: die Stimmlosigkeit verschwindet, aber es tritt Stottern ein, oder die Lähmung verschwindet und es tritt Zittern ein.

In denjenigen Gebieten des Körpers, auf die im Momente der Schreckeinwirkung sich die Aufmerksamkeit besonders richtete, sei es deswegen, weil sie den Ort einer gleichzeitigen Verwundung bildeten, sei es, weil sie zur Zeit der Schreckeinwirkung in Tätigkeit waren, und in denjenigen Gebieten, die vor oder nach der Schreckeinwirkung der Sitz länger dauernder krankhafter oder sonst stark affektbetonter Vorgänge waren, lokalisieren sich die krankhaften Erscheinungen des Kriegsneurotikers mit Vorliebe.

So sehen wir nach einer leichten Verletzung am Knie eine hysterische Beugekontraktur des Beines im Kniegelenk, nach einem harmlosen Armschuß eine Lähmung der Hand eintreten; ein Kranker, der kurz vorher wegen Rheumatismus im Bein in Behandlung war, bekommt eine Lähmung im Bein; ein Mann, der einen Wagen kutschierte, als eine Granate einschlug, zeigte Zittern der Arme, die gehalten wurden wie beim Kutschieren.

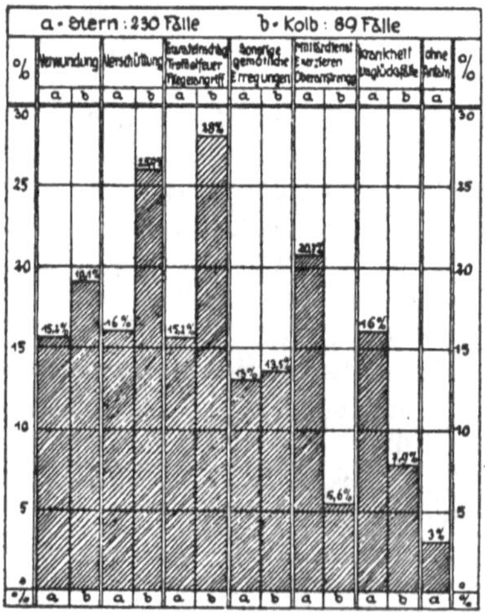

Tabelle 1.

Tabelle 1 stellt die **Ursachen** der Kriegsneurose dar:

Verwundung . .	15 u. 19%
Verschüttung . .	16 u. 26%
Granateinschlag, Trommelfeuer, Fliegerangriff	15 u. 28%
Sonst. gemütliche Erregung	13 u. 13%
Militärdienst, Exerzieren, Überanstrengung .	21 u. 6%
Krankheit, Unglücksfälle	16 u. 8%
ohne Anlaß . .	3% (a)

Die ersten Prozentziffern beziehen sich auf die Statistik Stern, die zweiten Ziffern auf die Statistik Kolb.

Man könnte zunächst annehmen, daß es sich bei den Verwundungen und Verschüttungen um organische Schädigungen des Gehirns handle. Diese Annahme ist jedoch unrichtig. In all den Fällen, die in der Tabelle dargestellt sind, waren organische Schädigungen des Gehirns nicht vorhanden.

Bei den Verwundungen der Statistik Kolb betraf die Verwundung nur in fünf Fällen den Hinterkopf, einmal das Gesäß, sechsmal die Beine und Füße, einmal die Hand, einmal die Brust; schon durch diese Zusammenstellung ist wahrscheinlich gemacht, daß nicht die Art und der Sitz der Verwundung oder Verschüttung, sondern die durch diese Schädigung bedingte gemütliche Erregung Ursache der Kriegsneurose war.

Die Momente, welche Neurose auslösten, waren oft außerordentlich geringfügig, so wurde einmal Aufregung beim Schneiden eines Furunkels, einmal Schrecken beim Herabstürzen eines Maschinenteils, einmal Schreck über den Schuß des eigenen Gewehrs in der Heimat, einmal Aufregung über den Anfall eines Kameraden, einmal Aufregung über Kontrolle eines Schutzmannes in der Wohnung, einmal Aufregung über die Erkrankung der Mutter als auslösendes Moment angegeben.

In der Statistik Sterns wurde als Grund angegeben zwanzigmal Durchnässung, neunzehnmal Garnisonsdienst, vierzehnmal körperliche Erkrankung im Felde, zehnmal Aufregung über bevorstehende gefährliche Situationen.

Unter den Fällen Sterns finden sich als Ursache eine reine gemütliche Schädigung in 102 Fällen = 44%; eine vorwiegend gemütliche Schädigung in 11 Fällen = 5%; eine körperliche und gemütliche Schädigung in 90 Fällen = 39%; ohne erkennbare Ursache entwickelte sich die Kriegsneurose durch den Dienst in 27 Fällen = 12%.

Wir können also sagen: Die Ursachen der Kriegsneurose sind lediglich gemütliche, seelisch erregende Momente.

Der **Beginn** der Erkrankung erfolgte in manchen Fällen anscheinend ganz plötzlich; besonders war das der Fall, wenn gemütlich stark erregende Einwirkungen (Verschüttung, Explosion schwerer Minen oder Granaten in nächster Nähe) die Erkrankung auslösten.

In anderen Fällen war der Beginn schleichend; leichte Erscheinungen, die verschwanden, wieder auftraten, nochmals verschwanden; es handelte sich meistens um Fälle, in denen leichte gemütliche Schädigungen längere Zeit hindurch einwirkten; eine rasche Verschlechterung trat in diesen Fällen dann ein, wenn ein besonders schweres, lange mit ängstlicher Spannung erwartetes Ereignis eintrat oder bevorstand (Marsch in die vorderste Stellung, Großkampfhandlung) oder wenn ein besonders erfreuliches Ereignis (Urlaub, Kommando zu einem „Druckposten") vorüber war, oder wenn ein erstrebtes Ziel (Auszeichnung, Beförderung) erreicht war, oder wenn von zu Hause schlechte Nachrichten, aufregende Briefe der Ehefrau eintrafen.

Der Prozentsatz der in Großstädten und deren Umgebung wohnenden Kriegsneurotiker scheint größer zu sein, als der auf dem flachen Lande wohnenden.

Die **Zahl** derjenigen Personen, die eine Zeitlang die Symptome der Kriegsneurose zeigten, dürfte in Deutschland auf mindestens 1/3 Million anzuschlagen sein; alle diese Menschen neigen in affektbetonten Situationen, in unangenehmen Lagen zu Rückfällen.

Als erbliche Belastung findet sich relativ oft erwähnt, daß Angehörige leicht aufgeregt, nervös waren. Die Fälle, daß ein Bruder oder mehrere Brüder im Heeresdienst ebenfalls neurotische Symptome zeigten, sind verhältnismäßig häufig.

Unter 100 beliebig herausgegriffenen Fällen konnte ich nachweisen:

Erbliche Belastung durch	Nervenkrankheiten	bei 16,7 %
" " "	Geisteskrankheiten	" 7,3 %
" " "	Geistes- und Nervenkrankheiten	" 7,3 %

Nonne fand bei 37 % neuropathische Belastung.

Zuverlässige Angaben lassen sich nicht machen, da im Kriege die Zeit zu eingehenden Erhebungen fehlte und da die Angaben der Kranken oft wenig zuverlässig sind, weil sie ein Interesse daran haben, als ursprünglich ganz gesunde, nicht krankhaft veranlagte Menschen zu erscheinen.

In manchen Fällen bestanden schon früher nervöse Symptome bei den Kranken selbst, besonders Krämpfe in der Kindheit, aufgeregtes Wesen, Reizbarkeit, Stimmungsschwankungen.

Solche Züge von Nervosität, die schon vor dem Kriege bestanden, fand Nonne unter 285 Fällen bei nicht weniger als 32 %, d. h. fast bei einem Drittel der Neurotiker.

In nicht ganz wenigen Fällen ist betont, daß es sich um schwächliche, wenig widerstandsfähige Personen handelte, doch war bei der überwältigenden Mehrzahl der Körperbau und Ernährungszustand normal, in nicht ganz wenigen Fällen sogar ungewöhnlich kräftig.

Unter den 230 Fällen Sterns befanden sich
10 körperlich besonders Kräftige,
40 Schwächliche oder mit Gebrechen Behaftete = 17,4 %,
4 Fettleibige,
176 Mittelkräftige.

Degenerationszeichen fand Nonne bei 82 % seiner 285 Fälle.

In nicht ganz seltenen Fällen begann die Erkrankung im Lazarett, meist im Heimatlazarett; ich habe im Felde bis Ende 1917 nur ganz wenige Fälle gesehen, die im **Feld**lazarett begonnen hatten. Von 201 Fällen Sterns begannen 47 = 23,4 % = fast ein Viertel im Lazarett. Bei genauer Durchsicht der Krankenblätter ergibt sich, daß der Prozentsatz der Fälle, bei denen ausgesprochene Erscheinungen erst im Lazarett auftraten oder bei denen sich die Erscheinungen im Lazarett verschlechterten, ein noch wesentlich höherer ist.

An **früher überstandenen Krankheiten** findet sich relativ oft

Rheumatismus; es ist dabei fraglich, ob diese früheren rheumatischen Beschwerden nicht schon Anzeichen der Neurose waren — denn der Beginn mit rheumatismusähnlichen Beschwerden ist nicht ganz selten.

Überanstrengungen, häufige oder länger dauernde Störungen des Schlafes, starke oder lange dauernde gemütliche Spannung, starke gemütliche Erregungen, Exzesse, vielleicht auch starker Nikotingenuß, kurz vorher überstandene Krankheiten, noch mehr vorherige Blutverluste, Unfälle, Verwundungen oder Verschüttungen, jugendliches Alter, geringe geistige Begabung, Zusammensein mit nervösen Menschen, langer Lazarettaufenthalt, Pflege durch Schwestern, Lockerung der Disziplin, weichliche Erziehung, Nachgiebigkeit der Umgebung, kurz vorausgegangene Verehelichung, drohendes Strafverfahren, Vorkommen ähnlicher Erkrankungen unter den Personen der Umgebung, Bevorstehen unangenehmer Ereignisse (Großkampfhandlungen, Abberufung aus „Druckposten"), besonders wenn sie lange mit ängstlicher Spannung erwartet wurden, scheinen zur Erkrankung besonders zu disponieren.

Betrachten wir das **Lebensalter der Erkrankten,** so ergibt sich eine starke Beteiligung der jüngeren Jahrgänge (s. Tab. 2).

Die schraffierten Felder stellen den Altersaufbau der gesamten männlichen Bevölkerung, die punktierte Linie stellt den Altersaufbau der Kriegsneurotiker beim Beginn der Erkrankung dar.

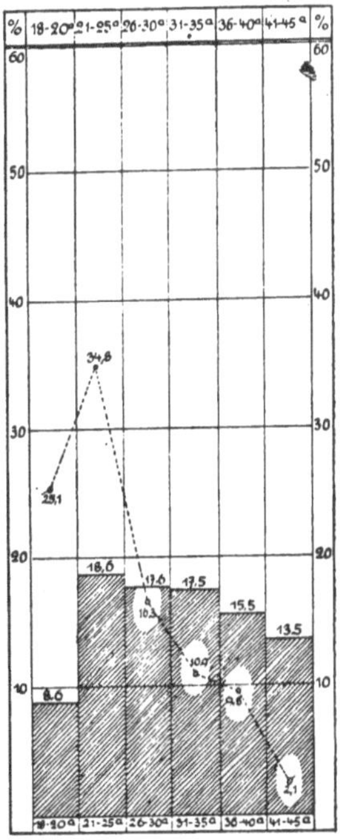

Tabelle 2.

Jedenfalls kann man sagen, daß die jüngsten und jungen Jahrgänge am meisten zur Kriegsneurose disponiert sind und daß die Häufigkeit mit zunehmendem Alter rasch und beträchtlich abnimmt.

Die starke Beteiligung der Jugendlichen ist besonders gegen Ende des Krieges in zunehmendem Maße hervorgetreten.

Eine Zusammenstellung der **Berufe** ergibt, daß die Angehörigen der Land- und Forstwirtschaft anscheinend etwas häufiger vertreten sind, als nach der Gesamtbevölkerung zu erwarten wäre. Dabei ist allerdings zu berücksichtigen, daß der Prozentsatz der für den Dienst in vorderster Linie tauglichen Männer unter den Bauern ohne Zweifel größer, der Abgang zu Kommandos hinter der Front sicher kleiner ist, als bei den hinter der Front sehr gesuchten Angehörigen anderer Berufe. Sehr wesentliche Abweichungen gegenüber der Prozentziffer, mit welcher die verschiedenen Berufe in der Bevölkerung vertreten sind, lassen sich zurzeit kaum feststellen. Ein verlässiges Ergebnis ist erst dann zu erwarten, wenn festgestellt ist, wie viele Neurotiker sich unter der Bevölkerung eines bestimmten Gebietes befinden; für dieses Gebiet wäre die Verteilung der Berufe unter der normalen Bevölkerung und unter den Neurotikern zu ermitteln.

Die **Schulfortschritte** waren entschieden etwas schlechter, als dem Durchschnitte entspricht; dabei ist noch zu berücksichtigen, daß die Feststellungen in der Regel auf den Angaben der Kranken und ihrer Angehörigen beruhen und daß bei nicht kriminellen Kriegsneurotikern die Angaben durchschnittlich eher zu günstig lauten, d. h. unter den Kriegsneurotikern befindet sich ein größerer Prozentsatz von schlecht und minder gut Begabten, als dem Durchschnitte der Bevölkerung entspricht.

Nach Jolly waren von 317 Intelligenzgeprüften 44,2% unter Mittel begabt.

Unter meinen Fällen finden sich 46,5%, bei Stern 67% Verheiratete unter den Kriegsneurotikern, während die durchschnittliche Prozentziffer der Verheirateten für die in Frage kommenden Altersklassen etwa in der Mitte, bei 56% liegt. Die Prozentziffer der Ledigen entspricht dem Verhältnis, in welchem die Altersklassen unter den Kriegsneurotikern vertreten sind; die von Anfang des Krieges stammende Statistik Stern umfaßt weniger Neurotiker im jüngsten Alter, sie enthält daher auch einen größeren Prozentsatz von Verheirateten als meine aus dem letzten Kriegsjahre stammende Statistik.

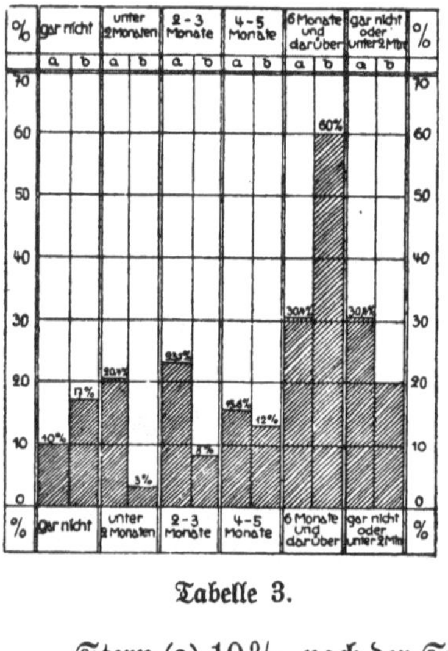

Tabelle 3.

Übrigens dürfen wir nicht übersehen, daß die jüngeren Jahrgänge, aus denen sich die Kriegsneurotiker überwiegend rekrutieren, gerade unter den Kriegsverhältnissen, welche gewissen Jahresklassen ein, zwei aktive Dienstjahre und 4½ Kriegsjahre, also 5—7 Jahre lang das Heiraten sehr erschwerten, naturgemäß mit der längeren Dauer des Krieges einen zunehmend kleiner werdenden Prozentsatz von Verheirateten umfaßten.

Recht interessant ist die Feststellung, **wie lange die Kriegsneurotiker im Felde standen.**

Ein Blick auf die Tabelle 3 zeigt, daß nach der Statistik Stern (a) 10%, nach der Statistik Kolb (b) 17% niemals im Felde gewesen waren. Daraus ergibt sich:

Ein beträchtlicher Prozentsatz der Kriegsneurotiker war den besonderen Schädlichkeiten des Kriegsdienstes niemals ausgesetzt.

Die Verschiedenheiten der Tabellen beruhen darauf, daß die Tabelle Stern (a) Fälle aus den ersten Kriegsjahren, die Statistik Kolb (b) Fälle aus dem letzten Kriegsjahre enthält. Demnach ergibt sich:

der Prozentsatz der Kriegsneurotiker, die erkrankten, ohne im Felde gewesen zu sein, hat mit zunehmender Dauer des Krieges anscheinend eine beträchtliche Zunahme erfahren.

Diese Zunahme ist zurückzuführen

auf das Abklingen der Begeisterung, die anfangs auch wenig willenskräftige Menschen die nötige Willensspannung aufbringen ließ,

auf die zunehmende Abneigung gegen den Felddienst, gegen den Krieg überhaupt,

auf die abnehmende Bereitwilligkeit, persönliche Opfer zu bringen.

Umgekehrt hat die Dauer des Felddienstes eine Zunahme erfahren, indem in den ersten Kriegsjahren nur 30%, im letzten Kriegsjahre 60% der Kriegsneurotiker mehr als sechs Monate im Felde standen.

Diese Zunahme beruht auf folgenden Tatsachen:

Infolge der gegen Ende des Krieges immer mehr zunehmenden Abneigung gegen den Kriegsdienst brachten auch Soldaten, die bisher sehr willig gewesen waren, die zur Unterdrückung der Reaktiverscheinungen notwendige Willensspannung nicht mehr auf.

Mit der längeren Dauer des Krieges wurde natürlich auch die durchschnittliche Felddienstzeit eine längere.

In der zweiten Hälfte des Krieges trat vielfach, besonders im Stellungskriege der Westfront, das Bestreben zutage, leichtere Fälle von Kriegsneurose im Feldheere zu behalten; in ruhigen Zeiten, besonders während der Wintermonate, und in ruhigen Abschnitten konnten diese leichteren Fälle sogar in vorderster Linie gehalten werden; in der Regel wurden sie hinter der vordersten Linie verwendet: in Küchen, in Kantinen, in Magazinen, bei den Stäben, in Schreibstuben, bei Ortskommandanturen, in Ökonomiebetrieben, in Entlausungsanstalten, beim Straßenbau, in Werkstätten, in Pionierparks, bei Starkstromkommandos, als Pferdewärter. Es ist also nach meinen praktischen Erfahrungen anzunehmen, daß dieser längere Felddienst nur bei einer Minderzahl in vorderster Linie der Westfront, in der Regel dagegen hinter der vordersten Linie geleistet wurde.

Dagegen ist es wohl nicht selten vorgekommen, daß zur Kriegsneurose Disponierte im Osten unter dem Einflusse der Siegesstimmung siegreiche Kämpfe gegen einen erschütterten oder unterlegenen Gegner längere Zeit auch in vorderster Linie aktiv mitmachten.

Die Entstehung der Kriegsneurose.

Wie entsteht die Kriegsneurose?

Viele von uns haben wohl schon erlebt, an sich selbst oder an anderen, daß in Augenblicken größter Erregung, tiefster Verzweiflung, höchster Angst die Glieder den Dienst versagten oder, besser gesprochen, unseren Willenseinflüssen entzogen waren:

wir wollten schreien, um Hilfe rufen, aber wir brachten keinen Laut hervor;

wir wollten fliehen, aber wir standen wie gelähmt;

unsere Zähne schlugen klappernd gegeneinander;

die Kniee zitterten, wir zitterten am ganzen Körper;

der Angstschweiß brach aus allen Poren;

den Arm hielten wir wie erstarrt, zum Schlage, zur Abwehr erhoben;

es wurde uns schwarz vor den Augen;

alles kam uns verändert vor, die Sinne schwanden uns und schließlich sanken wir bewußtlos zu Boden;

nach dem Schrecken fanden wir uns in den ersten Augenblicken gar nicht zurecht.

Wir sehen also: alle die Zustände, die der Kriegsneurotiker dauernd oder längere Zeit zeigt, — die Stimmlosigkeit, die Lähmungen, das Zittern, das Festhalten von Gliedern in bestimmten Stellungen, Sehstörungen, die Einengung des Bewußtseins, die Bewußtlosigkeit kommen vorübergehend in Momenten höchster Erregung auch beim Gesunden vor.

Nach unseren Erfahrungen dürfen wir annehmen, daß ursprünglich bei jedem Kriegsneurotiker die krankhaften Erscheinungen in dieser Weise entstehen, d. h. daß sie entstehen unter dem Einflusse einer hochgradigen, meist ängstlichen Erregung, wobei das diese Erregung auslösende Moment bei einzelnen Menschen, die in diesem Augenblicke neurosebereit, d. h. zur Kriegsneurose besonders veranlagt oder infolge schädigender Einflüsse besonders dazu disponiert sind, ein gar nicht besonders schreckliches Ereignis sein muß.

Die Entstehung der Kriegsneurose entspricht also den natürlichen Verhältnissen unseres Zentralnervensystems; ungewöhnlich, auffallend ist nur die lange Dauer der Erscheinungen beim Kriegsneurotiker.

Zur Erklärung könnte man daran denken, daß die Eindrücke, denen unsere Soldaten ausgesetzt waren, so schwer waren, daß sich hieraus die längere Dauer der Erscheinungen erklärt:

das stunden- und tagelange Ausharren im Trommelfeuer,

der Anblick der heranschleichenden Gaswolke,

der ohrenbetäubende und nervenzerrüttende Lärm der Minen und Granaten, der Anblick schrecklich verstümmelter Kameraden,

die Aufregungen einer Verschüttung,

an ruhigen Tagen die Sehnsucht nach der Heimat, die Sorge um die Lieben, um die Zukunft.

Und doch vermögen alle diese Schrecken wohl vorübergehend, nicht aber dauernd die körperlichen Erscheinungen, die reaktiven Zustände zu bedingen, sie vermögen an sich nicht einen Menschen zum Kriegsneurotiker zu machen.

Der Beweis ist leicht zu erbringen: auch die in der Heimat Zurückgebliebenen, vor allem die Frauen, die monate- und jahrelang um den Sohn, um den Mann gebangt haben, mit Sorgen und Not zu kämpfen hatten, den Sohn, den Mann verloren haben, haben viele und schwere seelische Erregungen durchgemacht, ohne daß sich unter ihnen Neurosen entwickelt hätten.

Wir hatten viele Hunderttausend gefangene Feinde im Lande, die auch alle Schrecken des Krieges durchgemacht hatten, unter ihnen besonders viele Russen, die bekanntlich sehr zu nervösen Zuständen neigen; trotzdem war unter den Gefangenen Kriegsneurose sehr selten.

Auch unter der zurückgebliebenen französischen Zivilbevölkerung unmittelbar hinter der Front war die Kriegsneurose so gut wie unbekannt, trotzdem die Bevölkerung meist aus Frauen, Greisen und Kindern bestand und in manchen Gegenden recht häufig der Beschießung durch Artillerie und Flieger ausgesetzt war.

Mehrere Hunderttausend Deutsche sind in feindlicher Gefangenschaft; sie haben sicher alle Schrecken des Krieges und dazu noch die oft recht schweren Aufregungen und Schrecken der Gefangennahme, der Gefangenschaft durchgemacht — und trotzdem scheinen Kriegsneurotiker unter ihnen ganz wesentlich seltener zu sein, als in der Heimat.

Das Schwerste haben doch eigentlich die Schwerverwundeten durchgemacht, jene Soldaten, die einen Arm, ein Bein verloren haben oder sonst eine Verstümmelung erlitten haben — und doch sind unter ihnen Kriegsneurotiker ganz außerordentlich selten.

Der weitere Beweis: daß sehr viele Kriegsneurotiker gar nicht im Felde waren, ergibt sich ohne weiteres aus meinen früheren Ausführungen.

Um das Moment zu finden, dessen Vorhandensein die Fortdauer der Reaktivzustände, die Fortdauer der eigentümlichen körperlichen Erscheinungen der Kriegsneurotiker bedingt, müssen wir uns daran erinnern, daß bei der Entstehung der verwandten hysterischen Zustände der Wunsch eine große Rolle spielt.

Für die Gnädige Frau in den „Fliegenden Blättern" ist der Weinkrampf das Mittel, den *ersehnten Hut*, die *gewünschte* Badereise zu bekommen;

für das hysterische Mädchen sind die hysterischen Zustände das Mittel, sich in der *gewünschten* Weise in den Mittelpunkt des Interesses zu rücken;

für das hysterische Dienstmädchen vom Lande sind die Anfälle das erwünschte Mittel, drückenden Dienstverhältnissen zu entgehen.

Nun, unsere Kriegshysteriker hatten auch alle einen Wunsch, einen dauernden Wunsch — den Wunsch: in die Heimat zu kommen und in der Heimat zu bleiben, und sehr viele haben noch den zweiten Wunsch, eine Versorgung, eine Rente zu bekommen; solange dieser Wunsch andauert, solange dauert in der Regel die Krankheit, denn die Fortdauer der Krankheit entspricht den Wünschen oder Strebungen des Kranken.

Ich sage: „Strebungen", nicht nur „Wünsche". Wünsche sind Gefühlsregungen, über deren Gründe und Ziele wir uns vollkommen klar sind; Strebungen sind mehr oder minder unbewußte, unklare, man könnte sagen ungewollte, unserer ruhigen Überlegung bis zu einem gewissen Grade fremde Gefühlsregungen.

Ich muß Ihnen das sagen, denn sonst würden alle Hysteriker, besonders alle Kriegshysteriker, mit einer Geringschätzung betrachtet werden, die sie in ihrer Mehrzahl nicht verdienen; die Mehrzahl der Kriegshysteriker würde mit Recht entrüstet ablehnen, daß sie krank sein wollen, und bis zu einem gewissen Grade mit Recht betonen, daß sie gesund werden wollen; unter ihnen befinden sich in nicht geringer Anzahl Leute, an deren Mut, an deren guten Willen, dem Vaterlande zu dienen, auch nicht der leiseste Zweifel gerechtfertigt ist.

Sie werden sagen: Ja, wie soll man das verstehen? Auf der einen Seite reden Sie vom Streben nach der Heimat, nach Rente, und auf der anderen Seite sprechen Sie von Mut und gutem Willen?

Ich will versuchen, an zwei Beispielen klar zu machen, was ich meine:

Da ist ein niederbayerischer Bauernbub. Der Vater ist früh gestorben. Der Mutter, die selbst mit den Nerven zu tun hat, ist der einzige Sohn die einzige Freude; sie verzieht ihn. In der Schule geht es schlecht mit dem Lernen. Bei der Mutter sucht er Schutz, wenn der Lehrer ihn zankt, wenn die Kameraden ihn hänseln. Die Mutter hat ihn nach der Schule nicht fortgelassen, als Hüterbub hat er ein paar Jahre verträumt. Da kommt der Krieg. Er ist noch zu jung, um gleich mitzugehen. Jeden Abend rechnet die Mutter ihm und sich unter Tränen die Tage und Monate vor, bis sie ihn hergeben muß; er hört von den Schrecken des Krieges, von Gefallenen; er sieht Verkrüppelte wiederkommen und ein tiefes Grauen erfaßt seine weiche Seele; ein älterer Schulkamerad kommt aus dem Felde zurück, der hat das „Zittern", aber es wird allmählich besser, er kann hie und da mithelfen und dann hat er Rente, ganze 120 Mark im Monat! Die Mutter sagt es einmal, öfter — „Ja, Ja, der hat's halt gut", die Nachbarn sagen's, das ganze Dorf sagt's.

Unser Bub wird eingezogen — er, der nie von dem Dorf, von der Mutter fort war, kommt in die Stadt. Unendlich schwer ist der Abschied, unendlich schwerer das Eingewöhnen; die Kameraden hänseln ihn; immer näher rückt der Zeitpunkt der voraussichtlichen Abstellung; es wirbelt in seinem Kopfe — „Du mußt mit — draußen wirst Du fallen — Du wirst die Mutter niemals wieder sehen — alles ist dann verloren — aber Du mußt — es gibt keinen Ausweg — Du mußt — und doch, es gäbe einen Ausweg — Du könntest zur Mutter — Du bekämest Geld, könntest für die Mutter sorgen — nein, es geht nicht, Du mußt hinaus — aber viele andere sind doch auch nicht draußen — es gäbe einen Ausweg — —".

Es sind keine klaren Gedanken, keine bewußten Wünsche, aber verborgen in der Seele, im Unterbewußtsein, wie wir das nennen, schläft doch der Gedanke — „wie herrlich wär's, wenn es Dir so ginge wie dem Nachbarn" —. Da kommt plötzlich der Befehl „Sofort bereit machen zur Abstellung in's Feld", und während die anderen sich bereit machen, bekommt der Bub das Zittern; der kräftig gebaute junge Mensch ist zum Kriegshysteriker geworden, ohne je im Kriege gewesen zu sein.

Und nun ein anderes Beispiel. Der Kamerad steht das vierte Jahr im Felde, überall war er dabei, überall hat er sich ausgezeichnet, viele schwere Patrouillen hat er gemacht; zehn Monate war er nicht zu Hause; er schläft schlecht, er fühlt, daß er reizbar geworden ist. Endlich bekommt er den wohlverdienten Urlaub. Er ist selig mit Weib und Kind. — Vieles sieht und hört er in der Heimat, was ihm nicht gefällt — der Luxus, die Vergnügungssucht, das Hamstern, die Drückebergerei zu Hause widern ihn an — die Mutter, die Frau beschwört ihn unter Tränen, nun doch auch an sie zu denken: er reißt sich los und geht wieder in's Feld. Der Zufall will, daß er auch dort unangenehme Verhältnisse findet: der alte Kompagnieführer ist gefallen — sein Nachfolger kennt ihn nicht — es gibt dienstlichen Ärger — trotzdem hält er aus. Immer verzweifelter lauten die Briefe aus der Heimat; die Frau wird krank, das Kind wird krank, das Geschäft geht rückwärts. Da schlägt eine Granate in seiner Nähe ein, der Luftdruck schleudert ihn zu Boden, er wird ins nächste Lazarett gebracht — und wie er aufstehen will, sind seine Beine gelähmt. Mit ängstlicher Sorgfalt wird er in den ersten Tagen beobachtet, untersucht; er selbst hat das Gefühl: „Ich bin krank, schwer krank; Gott sei Dank, daß ich krank bin — daß ich mit gutem Gewissen zu Weib und Kind zurückkomme."

Hier hat ein berechtigtes Krankheitsgefühl der Fülle der Gründe den letzten ausschlaggebenden Entscheid hinzugefügt.

Auch hier ist Streben nach Hause, aber nicht aus egoistischen Motiven.

Auch hier hat eine gemütliche Erregung bei dem durch die

lange Felddienstzeit und die stetigen Sorgen empfänglich gewordenen Manne eine Lähmung verursacht,

auch hier ist ein gewisser Krankheitswille, aber er wurzelt in einem ausgesprochenen Krankheitsgefühl und ist geadelt durch das Bewußtsein treu erfüllter Pflicht.

Der Mann hat eine hysterische Lähmung und trotzdem ist er ein Held, würdig unserer Verehrung.

Zwischen diesem Helden und dem kaum verhüllten Drückeberger, der nie im Felde war, der kaum ein Krankheitsgefühl hat, dessen Streben nach Heimat und Rente einem bewußten, auf moralisch minderwertigen Gründen beruhendem Wunsche entspricht, gibt es alle möglichen Zwischenstufen; es ist unendlich mühsam, in das Seelenleben eines jeden dieser Kriegsneurotiker einzudringen, seinen Lebensgang, die Momente, welche die Entstehung der Neurose beeinflußten, zu erkennen und zu würdigen — aber alle diese Feststellungen sind notwendig, wenn wir zu einem richtigen Urteil über den Mann gelangen wollen.

Wir haben uns also klar gemacht:

Die Reaktiverscheinungen, d. h. die körperlichen Symptome des Kriegsneurotikers — das Zittern, die Lähmungen, die Anfälle —, entsprechen dem gewöhnlichen Reaktionstypus des Zentralnervensystems auf starke seelische Einflüsse; sie entstehen um so leichter, je mehr die betreffende Person durch eine angeborene Veranlagung von jeher empfänglich war oder infolge schädigender Einwirkungen dafür empfänglich geworden ist.

Dauernd können diese Reaktiverscheinungen, diese körperlichen Erscheinungen des Kriegsneurotikers dann werden, wenn ihre Fortdauer den bewußten Wünschen oder den mehr oder minder unbewußten Strebungen des Kranken entspricht; wenn ihre Fortdauer, wie wir sagen, in der Wunschrichtung des Kranken liegt, und das ist dauernd eben in der Regel nur bei gewissen Formen der angebornen Veranlagung der Fall.

Die Fälle von Erkrankung im Urlaub und im Lazarett lassen sich ebenfalls leicht erklären: es ist uns im Felde oft aufgefallen, wielange sich nervös veranlagte oder nervös gewordene Menschen noch zusammennehmen konnten, wenn sie den Urlaub vor sich wußten; die Aussicht auf den bevorstehenden Urlaub — mochte er sich auch immer wieder um Wochen und Monate hinausschieben — hielt sie aufrecht. Glückstrahlend reisten sie nach Hause. Ein Teil von ihnen brachte nicht mehr die Willenskraft auf, in das Feld zurückzukehren; sie meldeten sich in den letzten Tagen vor Urlaubsende mit dem Bilde der Kriegsneurose in der Heimat lazarettkrank.

Der willenskräftigere Teil kehrte ins Feld zurück, aber auch bei ihnen traten besonders in den ersten Wochen Reaktivzustände auf relativ geringfügige Veranlassungen hin ein, die vor dem Urlaub wohl immer eindruckslos an ihnen vorübergegangen wären. Im Unterbewußtsein lebte in diesen Fällen der Gedanke: „Bis zum nächsten Urlaub ist es weit; das hältst du doch nicht aus" — und dann wirkten vielfach die ungünstigen, in der Heimat empfangenen Eindrücke nach (Hamstern, Drückebergerei, Vergnügungssucht, ungünstiger Eindruck in der Familie).

Die häufige Entstehung oder Verschlechterung in den Lazaretten des Heimatgebietes ist leicht zu erklären: Von unfähigen Leuten wurde unkritisch besonders in der ersten Zeit jeder aus dem Felde zurückgekehrte Mann im Lazarett unterschiedslos als Held angestaunt, bemitleidet, verhätschelt, auf jede Weise bevorzugt und verzogen; es ist klar, daß der Gegensatz zwischen den Schrecken des Krieges und den Freuden der Heimat eine mit der Dauer des Lazarettaufenthaltes wachsende Abneigung gegen die Rückkehr ins Feld erzeugen mußte und damit eine erhöhte Disposition schaffen mußte zur Erkrankung; in solchen Fällen genügte, besonders in Lazaretten, in denen Schwestern mit allzuweichem mitleidigem Herzen und Ärzte walteten, die besonders nachsichtig waren, der Anblick anderer Kranker, um eine Ansteckung herbeizuführen: der neben dem Zitterer liegende Kranke wurde zum Zitterer und schließlich zitterte der ganze Saal, bis ein energischer Wille den Mißständen des Lazaretts ein Ende machte.

Die Ähnlichkeit dieser Beobachtungen mit den psychischen Epidemien besonders des Mittelalters, die sich ja auch mit Vorliebe in den Zeiten einer starken gemütlichen Spannung (im Kriege, während Epidemien) entwickelten, liegt auf der Hand.

Sie kennen ja aus der Geschichte diese Tanzepidemien, die unter Verdrehungen der Glieder und Anfällen sich abspielten und auf Einflüsse böser Geister zurückgeführt wurden.

Die Symptome der Kriegsneurose entstehen im Angstaffekte, sie werden fixiert durch Krankheitsgefühl, Beispiel und Wunschrichtung.

Ganz ähnliche Zustände, wie sie die Kriegsneurotiker zeigen, haben wir, wenn auch natürlich in weit geringerer Anzahl, im Frieden entstehen sehen, im Anschluß an gemütliche Erregungen, die ein Unfall und der durch den Unfall ausgelöste Rentenkampf mit sich brachte.

Die Heilung der Kriegsneurose.

Wie diese Zustände durch gemütliche Erregungen entstanden sind, so können sie im wesentlichen auch nur durch Einwirkung auf das Gemütsleben, auf die Seele des Kranken wieder beseitigt werden:

Wir müssen dem Kranken die Zuversicht einflößen, daß die krankhaften Erscheinungen beseitigt werden können.

Wir müssen ihm die Überzeugung beibringen, daß diese Beseitigung der krankhaften Erscheinungen in seinem eigensten Interesse gelegen ist.

Und wir müssen endlich die Grundlage der krankhaften Erscheinungen zu beseitigen trachten, indem wir sein Gemütsleben, seine Seele wieder zur Ruhe, wieder in das Gleichgewicht zu bringen, seinen Willen zu kräftigen, sein Selbstvertrauen zu heben suchen.

Die zuversichtliche Hoffnung auf Heilung erwecken wir am leichtesten und besten in dem Kranken, indem wir ihn mit anderen, schon behandelten und geheilten Kriegshysterikern zusammenbringen: Wenn wir einen Zitterer als zehnten Kranken zu neun anderen, soeben behandelten und geheilten früheren Zitterern legen und wenn diese dann zu ihm sagen: „Du, der Doktor ist ein feiner Mann, mir hat er in einer Sitzung das Zittern weggebracht", dann ist fast mit Bestimmtheit eine Heilung zu erwarten.

Und umgekehrt ist die Behandlung oft wirkungslos, wenn das Zutrauen zum Arzte bei den Nervenkranken irgendwie erschüttert, das Ansehen des Arztes irgendwie untergraben wird.

Nicht weniger wichtig ist die zweite Aufgabe: dem Kranken klarzumachen, daß es in seinem wohlverstandenen Interesse liegt, gesund zu werden.

Diese Aufgabe war während des Krieges sehr schwierig: auch wenn wir dem Kranken sagten, er werde nicht mehr in das Feld kommen, lebte er doch stets in Sorge, er könne, wenn er geheilt sei, früher oder später eben doch wieder eingezogen werden.

Dagegen war es im Kriege leicht dem Kranken klarzumachen, daß die Heilung in seinem wirtschaftlichen Interesse liege und daß er nach vollständiger Heilung ein Mehrfaches der Rente sich verdienen könne — die Kranken wußten ja alle, daß männliche Arbeitskräfte im Kriege dauernd gesucht und durchschnittlich gut bezahlt wurden.

Jetzt liegen die Verhältnisse umgekehrt: Der Kriegshysteriker ist jetzt sicher, nicht mehr in das Feld zu kommen, und daher sind viele schwere Fälle in den letzten Monaten von selbst zur Heilung gelangt; er ist entweder in Stellung oder er bezieht Erwerbslosenunterstützung; es fehlen daher meist die Motive für die Fortdauer der krankhaften Erscheinungen. Wenn die Unterstützungen aufhören, wenn bei der Arbeit lästige Anforderungen an die Neurotiker herantreten, wenn durch Straffreiheit ein neues Motiv für die Kriegsneurose geschaffen wird, wenn an die früheren Neurotiker die Entbehrungen herantreten werden, denen wir alle entgegengehen, dann werden Krankheitsbestrebungen wieder das Übergewicht gewinnen und bei vielen geheilten und gebesserten Neurotikern zu neuen Rückfällen führen, besonders in unangenehmen Situationen.

Sobald die beiden wichtigsten Voraussetzungen gegeben sind,

sobald der Kranke von der Heilbarkeit seines Zustandes überzeugt ist, sobald er davon überzeugt ist, daß die Heilung in seinem Interesse liegt, ist die Beseitigung der hysterischen Zustände, besonders in frischen, nicht komplizierten Fällen, leicht.

Ob wir den Kranken elektrisieren und dadurch Bewegungen in den anscheinend gelähmten Gliedern erzeugen,

oder ob wir den Kranken in künstlichen Schlafzustand (Hypnose) versetzen und ihn dann auffordern, die Bewegungen auszuführen, die er in wachem Zustande nicht machen konnte,

ob wir dem stummen Kranken ein augenblickliches Erstickungsgefühl verursachen und ihm mit dem Schrei, den er ausstößt, die Stimme zurückgeben,

ob wir ihm eine harmlose Einspritzung unter die Haut machen,

ob wir ihn systematische Bewegungsübungen machen lassen,

ob wir ihn in das Dauerbad geben,

ob wir ihn in Narkose versetzen, in der er die gelähmten Glieder bewegt, die steifgehaltenen Körperteile erschlafft,

ob wir ihm ein Gipskorsett anlegen,

ob wir ihn in ein berühmtes Bad oder zu einem berühmten Heilkünstler schicken,

— welche dieser Behandlungsmethoden der Arzt wählt, das ist mehr oder weniger unwichtig; Hauptsache und Hauptbedingung ist immer, daß der Kranke vollkommenes Vertrauen zum Arzt und zu dessen Behandlungsweise hat und daß dieses Vertrauen stärker ist als der Krankheitswille und als der Wunsch nach Rente.

Nach diesen Grundsätzen erfolgte die Behandlung in unseren militärischen Nervenlazaretten.

Um Rückfälle nach Möglichkeit zu verhüten, ist es endlich unsere dritte Aufgabe, nach Beseitigung der hysterischen Zustände den Kranken wieder zur gemütlichen Ruhe, in's seelische Gleichgewicht zu bringen, seinen Willen zu kräftigen, sein Selbstvertrauen zu heben und damit der Krankheit den Boden für Rückfälle zu entziehen. Dieses Ziel erreichen wir am besten nicht durch müßiges Umherliegen in Lazaretten, nicht durch Zerstreuung, Ablenkung, nicht durch Besuch von Kinos, Vergnügungen, Tanzunterhaltungen, sondern durch rasche Rückkehr in geordnete Familienverhältnisse, zu einer ruhigen, gleichmäßigen, geregelten, erwerbstätigen Beschäftigung, unterbrochen durch reichliche Bewegung im Freien während der Mußestunden. Tändelnde, spielerische Beschäftigung schadet mehr, als sie nützt.

Fehlt es an Schlaf, so suche man ihn keinesfalls durch Schlafmittel, sondern durch Regelung der Lebensweise, durch frühzeitiges Abendessen, durch Bewegung nach dem Abendessen, durch ein Bad vor dem Schlafengehen herbeizuführen.

Der Alkoholgenuß ist zu vermeiden, das Rauchen allmählich einzuschränken, besonders Zigaretten werden zweckmäßig gemieden.

Die Sonntage verbringe man im Freien.

Aufenthalt, Beschäftigung in geräuschvollen Betrieben wirkt wenigstens anfangs oft schädlich.

In den Fällen, in denen der behandelnde Facharzt es für angezeigt hält, gehe der geheilte Nervenkranke zur Landwirtschaft, zur Gärtnerei, zur Forstarbeit, zur Arbeit im Freien über. Wer diese Möglichkeit nicht hat, pachte wenigstens einen Garten.

Wer einen Sport: Fußball, Schlittschuhlaufen, Turnen, Schwimmen, Rudern, Bergsteigen, Radfahren geübt hatte, nehme ihn in den Freistunden wieder auf, aber zunächst in mäßigen Grenzen, ohne wirkliche Anstrengungen; nur allmählich steigere man die Leistungen.

Gemütliche Erregungen halte man möglichst fern; gerade die Frau kann in dieser Richtung viel tun, indem sie selbst sich beherrscht und dem Manne damit zum Vorbild wird.

Alles, was die Erinnerung an den Kriegsdienst, an das Militär wachrufen kann, ist zu vermeiden.

Die Ernährung sei kräftig, aber nicht reizend, nicht mästend. Fleisch ist einzuschränken; die Zuführung allzu großer Nahrungsmengen ist zu vermeiden, auch wenn die Möglichkeit der Zuführung besteht.

Der Tageslauf, der Lebensgang sei möglichst geregelt. Alle Exzesse sind zu vermeiden.

Einer der schwersten Fehler ist, dem nicht vollständig geheilten Kranken zu viel Mitleid zu *zeigen*, sich zu viel mit ihm und mit seinen Krankheitserscheinungen zu beschäftigen. Neurotiker lassen sich vielfach gerne bemitleiden; der Krankheitswille und das Krankheitsgefühl wird durch Mitleids*äußerungen* in einer der Heilung schädlichen Weise gestärkt.

Es liegt im Interesse des Kranken und seiner Familie, daß die Angehörigen die Rentenbestrebungen nicht allzusehr unterstützen: die Rente erweckt und erhält stets ein gewisses Krankheitsgefühl, meist auch einen gewissen Krankheitswillen, und beides erschwert und verzögert eine vollständige Heilung. Die Angehörigen müssen sich darüber klar werden, daß ein ungeheilter oder unvollkommen geheilter Kriegshysteriker ein beklagenswertes Geschöpf ist, für sich selbst, für die Familie, für die Allgemeinheit eine Last.

Sie müssen sich klar darüber werden, daß auch die größte Rente nur einen ganz ungenügenden Ersatz bieten kann für die Nachteile, welche die Fortdauer des Krankheitszustandes mit sich bringt: für den Ausfall an Arbeitslohn, an Gesundheitsgefühl, an Lebensfreudigkeit, an Familienglück, an Gemeinnutzen.

Der Kranke und die Angehörigen müssen sich darüber klar werden, daß bei kriminellen Kriegsneurotikern die Freisprechung das größere Übel ist — sie beseitigt die letzten, dem Kranken noch innewohnenden Hemmungen gegen kriminelle Betätigung;

sie belastet ihn mit dem Makel der Unzurechnungsfähigkeit, der für das Leben eine schwerere Bürde ist, als eine Strafe;

sie stärkt Krankheitsgefühl und Krankheitswillen und führt schließlich dazu, daß die schwereren Formen — die Dämmerzustände und ähnliche Formen der Geistesstörung — auftreten.

Das Gefühl der Straffreiheit läßt den Kranken von einer strafbaren Handlung zur anderen schreiten, zu immer schwereren Delikten, die sich zuletzt auch gegen die Angehörigen richten.

Wenn es soweit kommen sollte, daß Kriegsneurotiker in erheblichem Umfange von Strafe befreit würden, dann würden von den geheilten Neurotikern gerade die Tausende mit Neigung zu krimineller Betätigung früher oder später, spätestens bei der nächsten strafbaren Handlung, rückfällig werden und lange Zeit oder dauernd sich selbst, der Familie, der Allgemeinheit mit Rente und mit Verbrechen zur Last fallen.

Sie würden die Irrenanstalten füllen und dort ein bemitleidenswertes Leben führen, während sie befähigt wären, sich selbst und anderen außerhalb der Anstalt zu nützen.

Und unter ihnen würden die Leute, die lange Zeit im Felde viel geleistet haben, eine kleine Minderheit bilden.

Mitleid ist schön und die edelste menschliche Tugend;.

Mitleid, das den Bemitleideten und die Allgemeinheit in gleicher Weise schädigt, hört auf, eine Tugend zu sein und wird zur unschönen Schwäche.

Beweise für die Richtigkeit unserer Auffassung über die Kriegsneurose.

Ich darf Ihnen vielleicht die Gründe, die wir für die Richtigkeit unserer Auffassung über die Kriegsneurotiker beibringen können, kurz zusammenfassen:

1. Die ursächlichen Momente sind stets im wesentlichen seelischer Natur.

2. Kriegsneurosen sind auch bei Leuten aufgetreten, die nie im Felde waren; stets nach gemütlichen Erregungen.

3. Die Erscheinungen zeigen Neigungen zu Wechsel, zu Wiederkehr im Affekte oder bei ähnlichen Situationen.

4. Durch bevorstehende unangenehme Ereignisse, durch Mitleid wird vielfach Verschlechterung bedingt.

Nicht ganz selten erfolgt Ansteckung durch nebeneinander liegende Kameraden in Lazaretten mit langem Lazarettaufenthalt und mitleidigen Schwestern, sehr oft in einförmiger Wiederholung eines auffallenden Zustandes.

Diese Neurose-Endemien zeigen Ähnlichkeit mit historisch bekannten psychischen Epidemien und Endemien.

5. Bei aller äußerer Mannigfaltigkeit zeigen die Krankheitsbilder große Ähnlichkeit untereinander und mit den reaktiven Schreckzuständen des Gesunden.

6. Kriegsneurotiker fehlen unter der Zivilbevölkerung, unter den Gefangenen, unter den Verstümmelten, für welche kein Grund zur Fixierung, zur Festhaltung der reaktiven Schreckzustände besteht. Zunahme der Erkrankungen erfolgte, als Nachlaß der Begeisterung eintrat.

7. Entstehung und Verlauf stimmen mit den Zuständen, die wir bei hysterischer Veranlagung auch im Frieden entstehen sehen, durchaus überein.

8. Die Erscheinungen können unter den verschiedensten Behandlungsarten rasch verschwinden, bei Kriegsende sind zahlreiche Fälle von selbst geheilt. Die Behandlungsergebnisse haben sich stets sofort verschlechtert, sobald das Zutrauen zum Arzte und zu seiner Behandlungsmethode beeinträchtigt wurde.

9. Daß auch der „Erschöpfung" infolge der Teilnahme an den Kriegsereignissen nicht allgemein die überragende Bedeutung zukommt, die ihr beigemessen wurde, beweist der Umstand, daß nicht wenige Fälle nach längerem Urlaub oder in der Heimat oder im Lazarett erkrankten und trotz günstiger Verhältnisse immer schlechter wurden.

Daß im Volksbewußtsein die Überzeugung herrscht, die Kriegsneurotiker seien schwerkranke, hirnbeschädigte, unzurechnungsfähige Menschen, darf uns nicht wundernehmen, waren ja doch anfangs einige unserer Fachgelehrten, war jeder von uns doch anfangs angesichts der schweren Erscheinungen geneigt, an schwere organische Störungen zu denken. Das war doppelt verständlich angesichts der Tatsache, daß — wie ich oben bei den Schädelverletzungen anführte — Zustände vorkommen, die teils auf schwere organische Schädigungen zurückzuführen, teils als einfache funktionelle Kriegsneurose aufzufassen sind; doppelt verständlich angesichts der Ähnlichkeit, welche zwischen den leichten funktionellen Schädigungen des Kriegsneurotikers und zwischen gewissen Krankheitsäußerungen des Hirnverletzten, des Epileptikers bestehen kann; es ist ohne weiteres verständlich, daß das Volk ähnliche Zustände, die im Kriege unter oft gleichen Umständen entstehen können, als wesensgleich ansieht und beurteilt.

Die Simulation.

Das Volk neigt zur Verallgemeinerung.

Wie die einen im Kriegsneurotiker allgemein den Helden, so sehen andere Kreise in ihm allgemein den Simulanten; eines ist so unrichtig wie das andere.

Von Anfang an mit Bewußtsein geübte Simulation ist selten; wer einmal versucht hat, auch nur eine Stunde lang willkürlich zu zittern, eine Hand von jeder Benützung auszuschalten, wird sich von der Unmöglichkeit überzeugen, willkürlich tage- und wochenlang ständig zu zittern, wochenlang eine Hand nicht zu bewegen. Tatsächlich liegen die Verhältnisse so, daß auch bei der überwältigenden Mehrzahl der sogenannten „Simulanten" die hysterischen Symptome zunächst nicht willkürlich erzeugt worden sind, sondern unter dem Einflusse einer starken, lange dauernden gemütlichen Spannung oder einer überwältigenden gemütlichen Erregung erstmals aufgetreten sind. Es kommt sicher in nicht seltenen Fällen vor, daß diese Erscheinungen, besonders anfangs, im Affekte, unter dem Einfluß der eben überstandenen Gemütsspannung oder gemütlichen Erregung willkürlich verstärkt, willkürlich unterhalten oder willkürlich wieder erzeugt werden, trotzdem es sittliche Pflicht wäre, nach dem Wegfall der auslösenden Momente diese Erscheinungen zu unterdrücken. Wir können in solchen Fällen aus gewissen Anhaltspunkten schließen, daß augenblicklich ein bewußter Krankheitswille ohne Krankheitsgefühl vorhanden ist (Aggravation, die als Simulation imponieren kann), d. h. daß der Mann krank sein will, trotzdem er sich nicht krank fühlt;

in einem anderen Falle, daß Krankheitsgefühl, aber auch Krankheitswille vorhanden ist, d. h. daß der Mann krank sein *will* und sich krank fühlt;

in einem dritten Falle, daß ausgesprochenes Krankheitsgefühl und mangelnder oder schwacher Gesundungswille vorliegt, d. h. daß der Mann sich ausgesprochen krank fühlt und nur nicht gerade darnach fiebert, gesund zu werden;

wir können auch einmal feststellen, daß ein Mann in einem bestimmten Augenblick bewußt die Symptome verstärkt oder bewußt ihren Eintritt herbeiführt,

es ist uns aber im einzelnen Falle nie möglich festzustellen, inwieweit mangelnder Wille zur Unterdrückung, inwieweit bewußter Wille zur Verstärkung der Reaktiverscheinungen vorliegt, und wir können im einzelnen Falle nie mit Bestimmtheit sagen, daß der betreffende Neurotiker in einem gegebenen Augenblick fähig ist, aus eigener Kraft die Reaktiverscheinungen zu unterdrücken.

Die Andauer der Reaktiverscheinungen auch nach dem Wegfall des auslösenden Momentes beweist, daß diese Fortdauer der Wunschrichtung oder der Strebungsrichtung des Neurotikers entspricht oder doch einmal eine Zeitlang entsprochen hat. Je länger diese Reaktiverscheinungen andauern oder je öfter sie sich wiederholen, desto leichter wird es für den Neurotiker, ihre Fortdauer oder, wenn sie vorübergehend geschwunden sind, ihre Rückkehr zu erzeugen,

sei es, indem er sich in Gedanken wieder in die Situation versetzt, in welcher zum ersten Male die Reaktiverscheinungen auftraten, sei es, indem er sich — und das ist das häufigere — einfach in Aufregung, in Affekt versetzt,

sei es, indem er bewußt oder unbewußt gewisse, die Reaktiverscheinungen einleitenden oder begleitenden Innervationen herbeiführt;

aber der Nachweis einer Willensbeteiligung bei der Erzeugung, der Nachweis der Unterlassung der Willensanspannung zur Unterdrückung der Reaktiverscheinungen wird um so schwerer, je länger diese Erscheinungen andauern, denn es wird ohne Zweifel für den Neurotiker mit zunehmender Dauer der Erscheinungen zunehmend leichter, den Eintritt oder eine Verstärkung der Erscheinungen willkürlich herbeizuführen, aber es wird ihm zunehmend schwerer, durch eine bloße Willensanstrengung der Fortdauer der Reaktiverscheinungen ein Ende zu machen:

Wir kennen eine Anzahl von Fällen, in denen anfangs Reaktiverscheinungen willkürlich verstärkt oder unterhalten wurden, in denen es aber dem Manne schließlich, als die Verhältnisse sich so verändert hatten, daß die Fortdauer dieser Reaktiverscheinungen zwecklos, ja schädlich war, doch nicht mehr möglich war, sie aus eigener Kraft zu unterdrücken.

Je öfter gewisse Bahnen eingeschlagen werden, desto mehr wird das Betreten dieser Bahnen unserem Willen zugänglich, die Ausschaltung der Bahnen aber unserem direkten Willen entzogen. Die körperlichen Reaktiverscheinungen treten um so leichter ein, je länger sie bestehen; ihr Auftreten oder ihre Verstärkung ist in zunehmendem Maße dem Neurotiker möglich, aber der Kranke verliert gleichzeitig in zunehmendem Maße die Fähigkeit, diese reaktiven Erscheinungen durch direkte eigene Willensanspannung zu unterdrücken.

Jeder Neurotiker, auch der Simulant, ist zu Beginn wohl stets krank in dem Sinne, daß er unter dem Einfluß eines lähmenden Schreckens, einer lähmenden Angst eine starke Schreckreaktion zeigte; das passiert im Felde auch dem Mutigsten und Pflichtgetreuesten einmal. Schuld des Neurotikers ist, daß er mehr oder minder bewußt krank bleiben will, daß er mehr oder minder bewußt die Willensspannung nicht aufbringt, die notwendig ist, um die Fortdauer der krankhaften Reaktiverscheinungen zu unterdrücken; er bringt diese Willensspannung nicht auf, weil er mehr oder minder unbewußt zu dem Schlusse gekommen ist: „Die Fortdauer der Erscheinungen ist, alles berücksichtigt, das zweckmäßigste für mich."

Die Bedeutung der Schädigungen des Felddienstes.

Die in vorderster Linie stehenden Heeresangehörigen waren besonders in manchen Abschnitten des Westens keinen Augenblick ihres Lebens sicher und zu Zeiten von Großkampfhandlungen bestand tagelang eine hohe Wahrscheinlichkeit des sofortigen Todes oder der Verwundung in oft grausigsten Formen; die dadurch bedingte ständige gemütliche Spannung, die sich zu gewissen Sekunden, wenn Mineneinschlag drohte oder wenn der Feind sich mit schwerer Artillerie eingeschossen hatte, bis zum Unerträglichen steigerte, mußte eine besondere Disposition zu psychogenen Erkrankungen bedingen.

In gleichem Sinne mußten besonders die häufigen oder länger anhaltenden Störungen des Schlafes, in seltenen Fällen vielleicht auch andere Überanstrengungen sich geltend machen.

Diese Disposition mußte besonders dann wirksam sein, wenn der Soldat durch frühere Blutverluste, durch vorherige Krankheiten, durch körperliche Indisposition geschwächt war, oder wenn es sich um Menschen handelte, die von jeher schwächlich, wenig widerstandsfähig, blutarm, nervös, leicht schwachsinnig oder durch frühere Unfälle und Verwundungen besonders empfänglich gemacht waren.

Alle diese Momente vermögen das Bild der erworbenen nervösen Erschöpfung, der Neurasthenie, zu erzeugen, jener funktionellen Störung, die in einer nahen Verwandtschaft zur Hysterie steht.

Es ist ohne weiteres klar, daß die der Hysterie verwandte Neurasthenie eine hysterische Veranlagung zu erhöhen, d. h. eine hysterische Persönlichkeit noch mehr zur Kriegsneurose disponieren kann, in besonders schweren Fällen die Veranlagung sogar zu ersetzen vermag, d. h. den Ausbruch der Kriegsneurose bei früher nicht nennenswert veranlagten Menschen herbeiführen kann.

Wir wissen aber, daß das normale Gehirn, der normale Mensch sich von den Folgen der erworbenen nervösen Erschöpfung verhältnismäßig rasch und weitgehend erholt, sobald die Schädlichkeiten, die diese Erschöpfung herbeigeführt haben, zurückgetreten oder verschwunden sind. In denjenigen Fällen, in denen die nervösen Erscheinungen den Wegfall der Schädigungen lange überdauern, dürfen wir in der überwältigenden Mehrzahl der Fälle annehmen, daß eine gewisse angeborene Veranlagung vorhanden war, welche die rasche und vollständige Erholung des Gehirnes auch nach dem Wegfall der Schädlichkeit verhinderte oder verzögerte oder wir müssen bei gewissen Gruppen von Schädelverletzungen forschen, ob nicht gewisse organische Schädigungen des Gehirnes vorlagen.

Wir wissen ferner, daß die Kriminalität der erworbenen nervösen Erschöpfung nicht beträchtlich ist.

Aus diesen Ausführungen ergibt sich die *überragende Bedeutung, die der Veranlagung, d. h. konstitutionell von Geburt auf bestehenden persönlichen Eigentümlichkeiten* bei der Beurteilung, besonders bei der forensen Beurteilung der Kriegsneurotiker um so mehr zugemessen werden muß, je länger der Zeitraum ist, der seit der Teilnahme des

Neurotikers an den Kriegsereignissen verstrichen ist; für unsere Verhältnisse ergibt sich daraus:

je weiter aktive Teilnahme an den Kriegsereignissen und kriminelle Betätigung zeitlich auseinander liegen, desto geringer ist die Möglichkeit, daß die Schädigungen des Feldzuges, desto größer ist die Wahrscheinlichkeit, daß angeborene Mängel der Veranlagung das zurzeit noch bestehende Bild beeinflussen.

Zusammenfassend kann man sagen:

Kriegsneurotiker sind Männer, bei denen eine erhöhte Disposition auf gemütlich erregende Vorgänge mit körperlichen Erscheinungen zu reagieren und diese Reaktiverscheinungen längere Zeit festzuhalten, während der Einziehung zum Heeresdienste hervortrat. Die Disposition beruht in der überwältigenden Mehrzahl der Fälle auf angeborener Veranlagung; diese angeborene Veranlagung tritt beim Einzelnen verschieden stark hervor in den verschiedenen Lebensaltern, und zwar besonders stark während der Entwicklungsjahre und in den darauffolgenden Jahren (endogener Faktor).

Die durch Veranlagung gegebene Disposition wird erhöht durch Verhältnisse, die lange Zeit eine starke gemütliche Spannung oder die starke gemütliche Schwankungen bedingen, oder durch organische Schädigung des Gehirnes, ferner durch erschöpfende Momente (exogene Faktoren).

Je stärker und je länger exogene Faktoren, d. h. schädigende äußere Momente eingewirkt haben, desto ausgiebiger vermögen sie die angeborene Veranlagung zu steigern bzw. zu ergänzen, d. h. eine Neurosebereitschaft, eine Neurosedisposition auch bei Menschen zu erzeugen, deren angeborene Veranlagung zur Neurose gering ist.

Wir müssen bei jedem Kriegsneurotiker annehmen, daß während der Dauer der körperlichen Erscheinungen dauernd oder zeitweise bewußt oder mehr, minder unbewußt ein Krankheitswunsch vorhanden war oder doch der Gesundungswille fehlte.

Jeder Neurotiker neigt nach Jahren in affektbetonten, besonders in unangenehmen Situationen zu Rückfällen und zwar tritt unter sonst gleichen Verhältnissen diese Neigung um so mehr hervor, je stärker die angeborene Veranlagung war.

Die Kriminalität der Kriegsneurotiker wurzelt in den Fällen mit angeborener Veranlagung in dieser Veranlagung, d. h. sie ist nicht eine Folge der Kriegsbeschädigung, sondern Kriegsbeschädigung, d. h. die körperlichen Reaktiverscheinungen und kriminelle Betätigung entspringen beide der angeborenen Veranlagung.

Ein gewisser Zusammenhang zwischen Kriegsdienst und krimineller Betätigung kann in der ersten Zeit nach dem Beginn der Erkrankung für gewisse Gruppen von Verfehlungen, besonders für Affekthandlungen, in den Fällen angenommen werden, in denen exogene Faktoren (starke gemütliche Spannung, starke gemütliche

Erregungen, erschöpfende Momente usw.) infolge des Kriegsdienstes in besonders hohem Maße nachgewiesen sind. Da wir wissen, daß das gesunde Gehirn von solchen Schädigungen sich relativ rasch zu erholen pflegt, wird die forense Bedeutung dieser äußeren Einflüsse um so mehr zurücktreten, je weiter die Teilnahme an den Kriegsereignissen zeitlich entfernt ist von der strafbaren Handlung. Die Auffassung, daß die strafbaren Handlungen der Kriegsneurotiker eine Folge seien der Kriegsbeschädigung, ist für die große Mehrzahl der Kriegsneurotiker unzutreffend, da bei ihnen die körperlichen Erscheinungen und die Kriminalität in keinem ursächlichen Zusammenhange zueinander stehen, sondern beide Folgen der gleichen Ursache, d. h. der angeborenen Veranlagung sind; in den übrigen Fällen, in denen die Schädigungen des Kriegsdienstes bei der Entstehung der körperlichen Erscheinungen eine sehr wesentliche Rolle spielten, ist in der Regel eine baldige Heilung zu erwarten; da, wo diese Heilung nicht eintritt, dürfen wir eine angeborene Veranlagung annehmen, wenn es uns nicht gelingt, eine schwere Schädelverletzung mit Hirnbeschädigung bei Schädelverletzten nachzuweisen.

Die im Volke verbreitete Auffassung, daß die kriminelle Betätigung der Kriegsneurotiker eine Folge der Kriegsbeschädigung sei, ist demnach im wesentlichen durchaus unzutreffend.

Der Zusammenhang ist vielmehr der, daß kriminelle Betätigung und Neurose in der gleichen Ursache, nämlich in der angeborenen Veranlagung gemeinsam wurzeln und daher häufig sich vereinigt finden.

Die Richtigkeit dieser Auffassung ergibt sich daraus, daß unter den straffälligen Psychopathen des Heeres 50—60%, unter den auch im Zivilleben straffälligen nervös Kriegsbeschädigten sich 60—70% schon vor dem Heeresdienste vorbestrafte Personen zweifelhaften Geisteszustandes zu befinden scheinen.

Soweit die Kriminalität der Kriegsneurotiker nicht in der angeborenen Veranlagung wurzelt, wurzelt sie in der Hoffnung auf Straffreiheit oder auf wesentliche Strafmilderung infolge des Leidens oder sie wurzelt in den allgemeinen Verhältnissen, die allgemein eine Zunahme der Kriminalität, besonders unter den Jugendlichen, bedingt haben.

Die strafbaren Handlungen der Kriegsneurotiker.

Zur Beantwortung der Frage:

„Welche strafbaren Handlungen haben wir von den Kriegsneurotikern zu erwarten?“

stehen uns drei Wege zur Verfügung:

1. Wir können feststellen, wie viele Kriegsneurotiker sich unter den Bestraften eines Bezirkes, eines Gebietes befinden und wegen welcher Verfehlungen sie bestraft wurden.

Leider fehlte mir die Zeit, eine solche Zusammenstellung zu machen.

2. Wir können die **strafbaren Handlungen der Militärpersonen zweifelhaften Geisteszustandes** zusammenstellen.

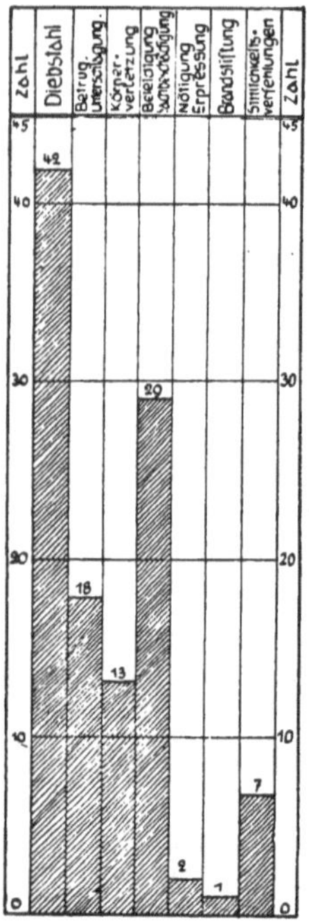

Tabelle 4.

Eine solche Zusammenstellung gibt Tabelle 4. Diebstahl ist doppelt so stark, Betrug und Unterschlagung wesentlich stärker, Sittlichkeitsverfehlungen sind um ein Vielfaches stärker vertreten, als den Ziffern der gesunden Bevölkerung vor dem Kriege entsprechen würde.

(Dabei ist allerdings zu berücksichtigen, daß gegenwärtig die Kriminalität allgemein erhöht ist.)

Der dritte Weg endlich ist, festzustellen, welche Kriminalität aus der Kriegsneurose an sich und welche Kriminalität vor allem nach den einzelnen, der Kriegsneurose zugrunde liegenden Formen der angebornen Veranlagung zu erwarten ist:

Der Kriegsneurotiker zeigt geringe Fähigkeit, aufsteigenden Wünschen und Strebungen Widerstand zu leisten.

Daraus kann eine gewisse Neigung zu Diebstählen, besonders zu Mundraub resultieren (die Häufigkeit der Diebstähle in Warenhäusern, in denen alle möglichen Bedarfsartikel verlockend ausgelegt sind, durch hysterische Persönlichkeiten ist eine bekannte Tatsache),

ferner eine gewisse Neigung zu Unterschlagung, Betrug, Urkundenfälschung; dabei handelt es sich meist nicht um planvoll, systematisch angelegte, wirklich großen Vorteil bringende Unternehmungen, sondern gewöhnlich um Deckung augenblicklicher Bedürfnisse, zuweilen allerdings in recht raffinierter Weise.

Ein Teil der Kriegsneurotiker ist innerlich unwahr oder nicht vollkommen wahr; sie haben das Bestreben, krank zu bleiben, und äußern doch oft den Wunsch, gesund zu werden.

Diese innere Unwahrheit wurzelt teilweise im Überwiegen der Affekte, in der starken Affektbetonung des einzelnen Eindruckes und in der durch diesen starken Affektton bedingten unscharfen Auffassung und Verwertung der äußeren Eindrücke, teilweise in ethischen Defekten.

Diese innere mehr oder minder bewußte Unwahrheit kommt zum Ausdruck

in der Neigung zu falschen Anschuldigungen,

zu Eidesverletzungen

und in der Neigung zu Betrug, Unterschlagung und Urkundenfälschung.

Eine weitere, häufig nachweisbare, forens wichtige Charaktereigenschaft der Kriegsneurotiker ist das Bestreben, unangenehmen Situationen durch Verfall in Krankheit auszuweichen („Flucht in die Krankheit").

Wir haben demnach zu erwarten, daß viele Neurotiker, sobald sie eine strafbare Handlung begangen haben, vor allem bei der Vernehmung, in der Untersuchungshaft, während der Verhandlung, im Strafvollzug akute Krankheitserscheinungen zeigen werden:

bei der Vernehmung tritt meist Zittern ein, sehr häufig in einem Bein.

In der Verhandlung stellen sich außer dem Zittern nicht selten Anfälle ein, zuweilen treten Erregungszustände ein.

In der Untersuchungshaft Erregungszustände.

Im Strafvollzug Haftpsychosen.

Im übrigen sind die strafbaren Handlungen zu erwarten, die der Art der Veranlagung entsprechen, auf deren Boden sich die Kriegsneurose entwickelt hat.

Diese Veranlagung ist keine gleichheitliche.

Die Neurose kann sich entwickeln auf dem Boden einer hysterischen Veranlagung,

sie kann sich entwickeln auf dem Boden eines Schwachsinns,

sie kann sich entwickeln auf dem Boden einer psychopathischen Veranlagung der verschiedensten Art, d. h. bei Haltlosen, bei Erregbaren, bei Schwindlern, bei Gesellschaftsfeinden;

sie kann sich seltener entwickeln auf dem Boden eines originären Krankheitszustandes, einer Nervosität, einer Zwangsneurose, des impulsiven Irreseins, geschlechtlicher Verirrungen, in letzteren Fällen vor allem deswegen seltener, weil diese Krankheitszustände doch vielfach vom Heeresdienste oder doch vom Dienste in vorderer Linie befreien.

Alle diese Veranlagungsformen können miteinander und in der ersten Zeit mit Symptomen der nervösen Erschöpfung, mit neurasthenischen Symptomen vermischt sein.

Stern fand unter den 230 Kriegsneurotikern folgende konstitutionelle Anlagen (Tabelle 5):

1. hysterisch = neurasthenische Personen . 41 = 17,8 %
2. Weiche, ängstliche Persönlichkeiten . . 30 = 13,0 %
3. Psychopathen mit hysterischen Zügen . 29 = 12,6 %
4. Erregbare Persönlichkeiten . . 15 = 6,5 %
5. Epileptoide Persönlichkeiten . . . . 2 = 0,9 %
6. Haltlose Persönlichkeiten . . . . 5 = 2,2 %
7. Depressiv-stimmungslabile Persönlichkeiten 4 = 1,7 %
8. sonstige psychop. oder neuropath. Persönlichk. 15 = 6,5 %
9. ohne bes. konstitutionelle Anomalien . 89 = 38,7 %

230

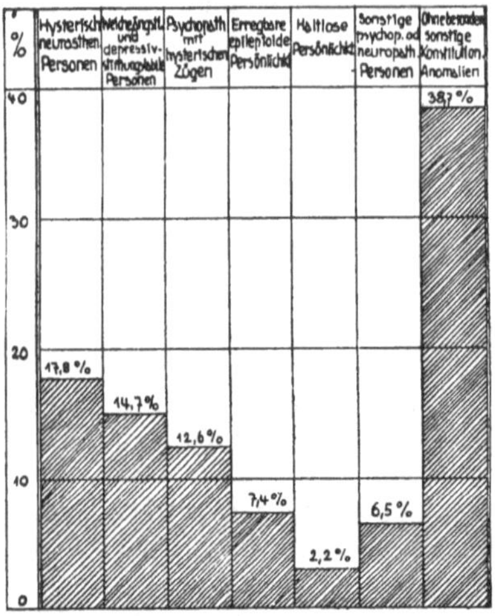

Tabelle 5.

Von diesen scheiden die Kriegsneurotiker ohne besondere konstitutionelle Anomalien (38,7 %) und die weichen, ängstlichen Persönlichkeiten (13,0 %) praktisch fast aus, da ihre Neigung zu Kriminalität gering sein wird. Bei den hysterisch=neurasthenischen Personen (17,8 %) ist die Neigung zu Kriminalität nicht groß. Bei etwa 70 % der Kriegsneurotiker (und gewesenen Kriegsneurotiker) ist also eine nennenswerte Erhöhung der Kriminalität gegenüber dem Bevölkerungsdurchschnitt nicht zu erwarten; wir sehen ja auch, daß **unter 755 straffälligen Begutachteten des III. Bayer. A.-K.** nur 7 % Hysteriker,

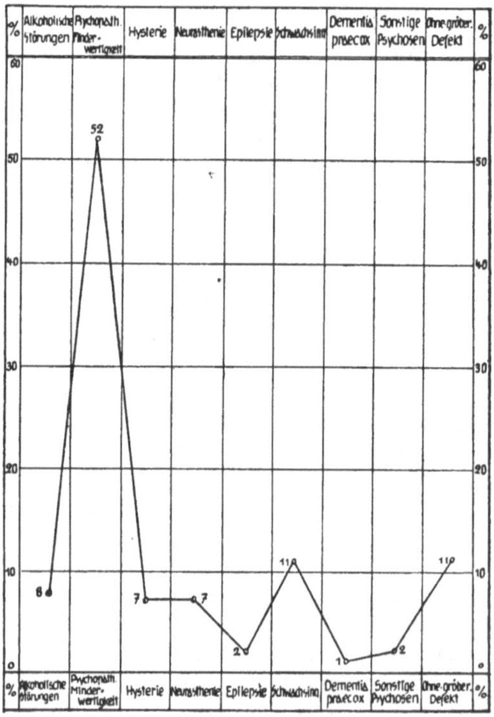

Tabelle 6.

7% Neurastheniker sich befanden, obwohl gerade hysterische und neurasthenische Zustände augenfällig sind und daher leicht Veranlassung zur Begutachtung geben; nicht weniger als 52% der Begutachteten waren Psychopathisch-Minderwertige (Tabelle 6).

Die Neigung zu strafbaren Handlungen wird bei den übrigen Gruppen verschieden sein, je nachdem in der Veranlagung hysterische Züge
oder schwachsinnige Züge
oder die Züge der einzelnen Formen der psychopathischen Minderwertigkeit überwiegen.

Allgemeine Erörterungen über die „Grenzfälle" (Psychopathen).

Der Richter hört so oft das Wort Psychopath, daß ein gewisses Mißtrauen, eine gewisse Abneigung gegen diese Bezeichnung nicht unbegreiflich wäre.

Das Wort „Psychopath", so wie es gewöhnlich gebraucht wird, stellt keine Diagnose dar, es faßt, in seinem weitesten Sinne gebraucht, vielmehr alle jene Personen zusammen, die nicht vollkommen geistig gesund, aber auch nicht ausgesprochen geisteskrank sind, mit einem Worte: die Grenzfälle, die Personen, die an der Grenze zwischen geistiger Gesundheit und ausgesprochener Geisteskrankheit stehen, die geistig anomalen, jedoch nicht ausgesprochen geisteskranken Personen.

Daß im forensen Dienst die Bezeichnung so häufig gebraucht wird, hängt

1. mit der großen Häufigkeit zusammen, in der sich diese Grenzfälle finden,
2. mit der relativ großen Kriminalität dieser Grenzfälle und mit dem großen Prozentsatz von Psychopathen unter den Kriminellen, besonders unter den Rückfälligen,
3. mit dem Umstande, daß ausgesprochen geisteskranke Personen meist ohne weiteres erkannt, der psychiatrischen Begutachtung demnach in der Regel gar nicht unterstellt werden.
4. Die Zunahme in den letzten Jahren hängt damit zusammen, daß sich in höchst erfreulicher Weise der Blick des Richters für diese Zustände geschärft hat und daß bei schwereren Graden in zunehmendem Maße erfreulicherweise Begutachtung in der Anstalt angeordnet wird.

In diesem weitesten Sinne werden unter dem Namen Psychopathen zusammengefaßt zahlreiche Formen psychischer Störungen und Defekte: Personen mit epileptischen, alkoholistischen, traumatischen Defektzuständen; die psychogenen Erkrankungen, Hysterische, die originären Krankheitszustände der Nervosität, der Zwangsneurose, des impulsiven Irreseins, der geschlechtlichen Verirrungen, gewisse psychische Entwicklungshemmungen und endlich die psychopathischen Persönlichkeiten im engeren Sinne des Wortes.

Die Zahl dieser Psychopathen im weitesten Sinne des Wortes ist auf etwa 5%, in Deutschland also auf 3 Millionen zu schätzen.

Das Wort Psychopath im weitesten Sinne wurde verwendet, weil es einem praktischen Bedürfnis entsprach, vor allem einem juristisch-psychiatrischen Bedürfnis entsprach, eine Bezeichnung zu finden für alle im gewöhnlichen Zustande unter gewöhnlichen Verhältnissen nicht unzurechnungsfähigen, aber doch dauernd geistig nicht normalen Persönlichkeiten, ein Wort, das nicht den üblen Beigeschmack hat, der dem „geistig Minderwertigen" innewohnt und das den Begriff des Krankhaften besser andeutet, als das Wort „Grenzfall".

Der Psychopath ist also in seinem gewöhnlichen Zustand nicht unzurechnungsfähig; er kann unzurechnungsfähig werden, wenn komplizierende Momente hinzutreten, wenn z. B. sein Bewußtsein zur Zeit der Tat eingeengt ist (durch Alkohol, durch Ausnahmezustände, in einzelnen Fällen durch Affekte, durch Schlaftrunkenheit, ausnahmsweise durch erschöpfende Momente);

er kann der Unzurechnungsfähigkeit nahe stehen, während gewisser Perioden seines Lebens, besonders während der Zeit seiner Entwicklungsjahre oder während einer Periode des starken Alkoholgenusses usw.,

er kann unter gewissen Bedingungen unzurechnungsfähig sein oder werden für gewisse Gruppen von strafbaren Handlungen, besonders für Affekthandlungen.

In der Regel sind die Psychopathen dem Juristen für eine mildere Beurteilung zu empfehlen; dabei wird sich der Psychiater darüber auszusprechen haben, ob diese mildere Beurteilung unter Abwägung der Interessen des Angeklagten und der Interessen der Allgemeinheit vom psychiatrischen Standpunkte aus zweckmäßig durch Zubilligung mildernder Umstände, durch Zurückgehen auf das Strafminimum oder durch Empfehlung für Berücksichtigung im Strafvollzug, für bedingte Begnadigung, durch Überweisung in Fürsorgeerziehung erfolgt. Bei wiederholt rückfälligen Psychopathen wird Beschränkung im Strafausmaß in unkomplizierten Fällen nur ausnahmsweise zu befürworten sein, ebenso bei der Gruppe der Gesellschaftsfeinde.

Die Frage, ob komplizierende Momente vorliegen, welche, wie sie zu werten sind, wie hoch der Grad der Psychopathie ist, ob, inwieweit und auf welche Weise die Berücksichtigung beim Strafausmaß oder im Strafvollzug angezeigt erscheint, läßt sich in der Regel nur auf Grund eingehender Beobachtung und Untersuchung, unter Würdigung der ganzen Persönlichkeit des Angeklagten, seines Lebenslaufes, der Einflüsse, die auf ihn eingewirkt haben, entscheiden.

Als *psychopathische Persönlichkeiten* im engeren Sinne bezeichnen wir nach Kraepelin jene Menschen, die infolge angeborener, auf Entartung beruhender krankhafter Veranlagung zwar nicht ausgesprochen geisteskrank sind, aber doch über die Schwankungen der Gesundheitsbreite hinausgehende persönliche Eigentümlichkeiten aufweisen, die so stark sind, daß sie einen erheblichen Einfluß auf das Leben des betreffenden Menschen gewinnen.

Die forensen Verhältnisse der Grenzfälle, der Psychopathen im weitesten Sinne des Wortes, werden am besten klar durch einen Blick auf die Tabelle 7, die sich auf die Bearbeitung von fast 1000 Gutachtensfällen stützt.

76,9% der Gutachten betrafen Grenzfälle, Psychopathen im weitesten Sinne des Wortes, insgesamt 857 Fälle.

Es wäre unrichtig, annehmen zu wollen, daß diese Ziffern das Verhältnis richtig wiedergeben, in welchem Psychopathen unter den Kriminellen vertreten sind; die Statistik umfaßt die leichteren, nicht ohne weiteres als Geisteskrankheit erkennbaren Zustände von Geisteskrankheit

und durchschnittlich nur die schwersten und schweren Formen der Grenzfälle.

Die Tabelle 7 stellt dar die strafbaren Handlungen der einzelnen Formen der Grenzfälle, d. h. die Formen der Kriminalität bei Schwachsinn, Epilepsie, Hysterie, alkoholischen Störungen und bei der psychopathischen Minderwertigkeit im engeren Sinne des Wortes —— im Vergleich mit den Formen der Kriminalität aller Straffälligen ....

Sie sehen, daß bei **Schwachsinn**, der bei $1/4$ aller Gutachtensfälle vorlag,

an erster Stelle stehen die Sittlichkeitsverfehlungen,

an dritter Stelle Brandstiftung,

— beide, besonders Brandstiftung, um ein Vielfaches häufiger, als bei der Gesamtheit der Straffälligen;

während Körperverletzung, Totschlag, Mord zwar an zweiter Stelle,

Diebstahl und Raub an vierter Stelle stehen, aber weniger häufig vorkommen, als bei der Gesamtheit der Kriminellen.

Ein Blick auf Tabelle 8 zeigt, daß von den Schwachsinnsfällen fast $3/4$ für Exkulpierung; $1/4$ als gemindert zurechnungsfähig; $1/30$ als voll verantwortlich begutachtet wurden.

Tabelle 9 ergibt, daß bei den für Exkulpierung Begutachteten vorlag

in nicht ganz $1/3$ der Fälle hochgradiger Schwachsinn,

in nicht ganz $1/8$ Alkoholgenuß,

in über $1/4$ Zeichen einer sonstigen psychopathischen Minderwertigkeit,

während bei $1/4$ der Exkulpierten komplizierende Momente nicht erwähnt sind; es ist anzunehmen, daß es sich um höhere Grade von Schwachsinn, die den Angeklagten unter die Stufe eines 12 jährigen Kindes stellten, oder um affektive Schwach-

Häufigkeit der verschiedenen Delikte bei den verschiedenen Formen der Grenzfälle.

Schwachsinn

	%	%
1. Sittlichkeitsverfehlungen	5,95	0,2
2. Körperverl., Totschl., Mord	4,55	5,2
3. Brandstiftung	3,5	0,02
4. Diebstahl, Raub . . .	3,38	4,8
	a	b

Epilepsie

	%	%
1. Körperverletzung . . .	2,45	2,0
2. Sittlichkeitsverfehlungen	2,22	0,1
3. Diebstahl, Raub . . .	2,22	1,8
4. Brandstiftung	0,23	0,01
	a	b

Hysterie

	%	%
1. Diebstahl	2,8	1,8
2. Unterschlagung, Betrug, Urkundenfälschung . . .	1,98	1,2
3. Eidesverletzung	1,5	0,02
4. Körperverletzung . . .	1,05	2,0
	a	b

Alkoholismus

	%	%
1. Sittlichkeitsverfehlungen	3,5	0,1
2. Körperverl., Totschl., Mord	2,8	2,6
3. Unterschlagung, Betrug .	1,87	1,5
4. Brandstiftung	0,82	0,01
	a	b

Psychopathische Minderwertigkeit

	%	%
1. Unterschlagung	6,53	2,5
2. Sittlichkeitsverfehlungen	4,67	0,2
3. Körperverletzung . . .	3,73	4,5
4. Diebstahl, Raub . . .	3,03	4,1
	a	b

a = Kriminalität der Grenzfälle;
b = Kriminalität der Gesamtbevölkerung.

Die Kriminalität der (857) Grenzfälle —— und die Gesamt-Kriminalität

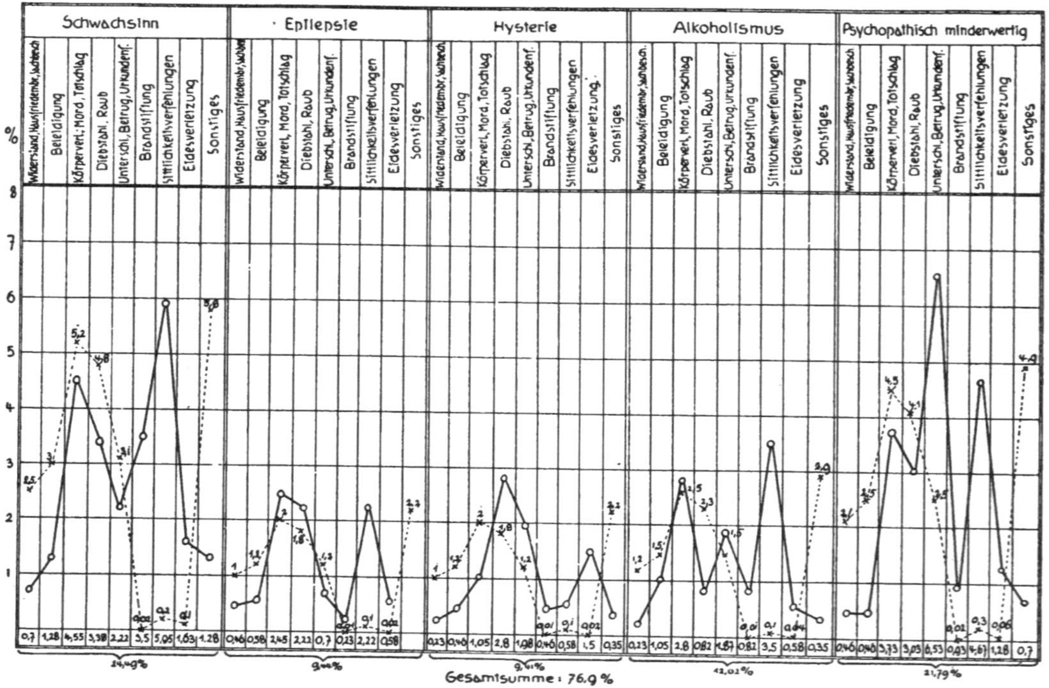

—— = Kriminalität der Grenzfälle.
= Kriminalität der Gesamtbevölkerung.

Tabelle 7.

Die fachärztliche Begutachtung der 857 Grenzfälle:

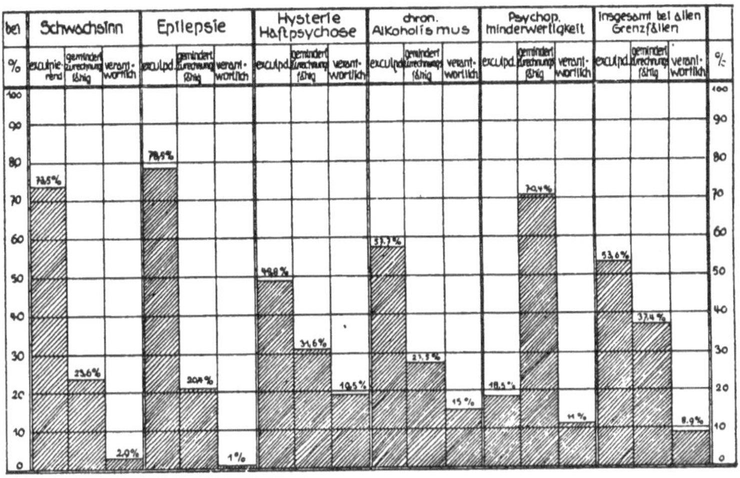

Tabelle 8.

Bei den 298 exkulpierten Grenzfällen fanden sich folgende komplizierende Momente:

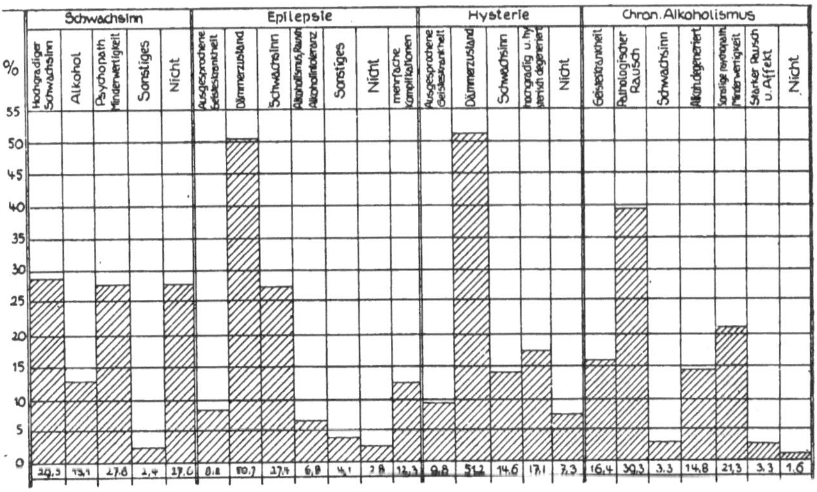

Tabelle 9.

sinnige oder um Verfehlungen nach Alkoholgenuß handelte; besonders häufig ist die Komplikation mit Alkohol anzunehmen, da die oben berechnete Prozentziffer den Einfluß, den Alkoholgenuß auf die Kriminalität der Schwachsinnigen ausübt, auch nicht annähernd genügend wiedergibt.

Epilepsie lag bei nicht ganz $1/_{10}$ der Gutachtensfälle vor (Tab. 7).

Auch hier fanden sich Sittlichkeitsverfehlungen und Brandstiftung um ein Mehrfaches häufiger, als bei allen Kriminellen;

an erster Stelle aber steht Körperverletzung, die ebenso wie Diebstahl und Raub, die an dritter Stelle stehen, etwas häufiger ist als bei der Gesamtheit der Kriminellen.

Nach Tabelle 8 wurden über $3/4$ der Epileptiker für Exkulpierung,

$1/_5$ als gemindert zurechnungsfähig begutachtet.

Ausgesprochene Geisteskrankheit lag bei $1/_{12}$ der Exkulpierten (Tab. 9),

Dämmerzustände bei mehr als der Hälfte,

Schwachsinn bei $1/4$,

Alkoholgenuß, Rausch bei $1/_{16}$,

mehrfache Komplikationen lagen bei $1/_8$ der Exkulpierten vor.

Die erhebliche Rolle, die der Alkoholgenuß bei der Kriminalität der Epileptiker spielt, kommt in diesen Ziffern nicht entsprechend zum Ausdruck, da die pathologischen Rauschzustände teilweise in den „Dämmerzuständen" enthalten sind.

Hysterie lag ebenfalls bei nicht ganz $1/_{10}$ der Gutachtensfälle vor (Tab. 7).

Charakteristische strafbare Handlung ist Eidesverletzung und falsche Anschuldigung, die sich zwar erst an dritter Stelle, aber sehr viel häufiger fanden, als bei der Gesamtheit der kriminellen Bevölkerung;

Diebstahl, Raub steht an erster Stelle,

Unterschlagung, Betrug, Urkundenfälschung an zweiter Stelle, — beide Reate etwas häufiger vertreten, als bei der Gesamtheit der Kriminellen —;

an vierter Stelle steht Körperverletzung, die etwas seltener ist, als bei allen Kriminellen.

Wie Tabelle 10 zeigt, stehen an fünfter Stelle Sittlichkeitsverfehlungen, die viel häufiger sind, als bei der Gesamtheit der Kriminellen,

an sechster Stelle Beleidigung, die wesentlich seltener ist,

an siebenter Stelle Brandstiftung, die sehr viel häufiger ist, als bei der Gesamtheit der Kriminellen.

Noch nicht die Hälfte der Hysteriker wurden, wie Tabelle 8 zeigt, für Exkulpierung,

nicht ganz $1/_3$ als gemindert,

$1/_5$ als voll verantwortlich begutachtet.

Als Grund für die Exkulpierung fand sich bei $1/_{10}$ ausgesprochene Geisteskrankheit; bei mehr als der Hälfte Dämmerzustand; bei $1/_7$ Schwachsinn; bei $1/_6$ hochgradige hysterische Degeneration (Tab. 9).

Die strafbaren Handlungen der Hysteriker —— und der Kriminellen insgesamt

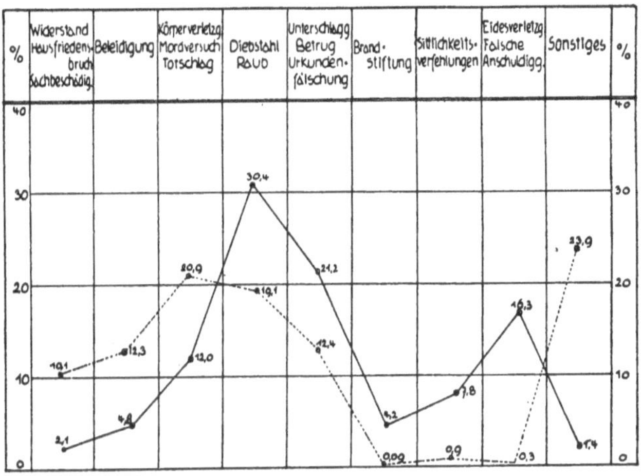

Tabelle 10.

Bei den **alkoholischen Störungen** (nicht ganz $1/_8$ der Fälle) finden sich wie bei Schwachsinn am häufigsten (Tab. 7).

Sittlichkeitsverfehlungen (wesentlich häufiger, als bei allen Kriminellen),

an zweiter Stelle Körperverletzung (etwas häufiger als bei allen Kriminellen),

an dritter Stelle Unterschlagung usw. (etwas häufiger als bei allen Kriminellen),

an vierter Stelle Brandstiftung (wesentlich häufiger als bei allen Kriminellen).

Von den Alkoholisten wurden etwas mehr als die Hälfte exkulpiert (Tabelle 8); ¼ als gemindert, nicht ganz $1/_7$ als voll verantwortlich begutachtet.

Als Grund für die Exkulpierung fand sich angegeben (Tab. 9)
bei $1/_6$ Geisteskrankheit,
bei 39% pathologischer Rausch,
bei $1/_7$ alkoholische Degeneration,
bei $1/_5$ starke psychopathische Minderwertigkeit,
bei $1/_{30}$ starker Rausch und Affekt.

Bei den **psychopathisch Minderwertigen**, die etwas über $1/_5$ aller Gutachtensfälle umfassen, finden sich (Tab. 7) an erster Stelle Unterschlagung, Betrug, Urkundenfälschung (häufiger, als bei allen Kriminellen),

an zweiter Stelle Sittlichkeitsverfehlungen (wesentlich häufiger, als bei allen Kriminellen),

an dritter Stelle Körperverletzung usw. (etwas seltener, als bei allen Kriminellen),

an vierter Stelle Diebstahl, Raub (etwas seltener, als bei allen Kriminellen).

Noch nicht $^1/_5$ wurde exkulpiert, nicht ganz $^3/_4$ als gemindert zurechnungsfähig, $^1/_{10}$ voll verantwortlich begutachtet (Tab. 8).

Insgesamt wurde von den Grenzfällen über die Hälfte der Begutachteten exkulpiert, über $^1/_3$ als gemindert zurechnungsfähig, $^1/_{11}$ als voll verantwortlich begutachtet.

Bei den Ziffern der Exkulpierungen ist wohl zu beachten, daß die Gutachten teilweise aus einer Zeit stammen, in der häufiger exkulpiert wurde und daß diese Gutachten nur die schwersten Formen der einzelnen Störungen umfassen.

Tabelle 11 zeigt die **Formen der Kriminalität unter allen Kriminellen** (......) **und unter allen Gutachtensfällen** ——.

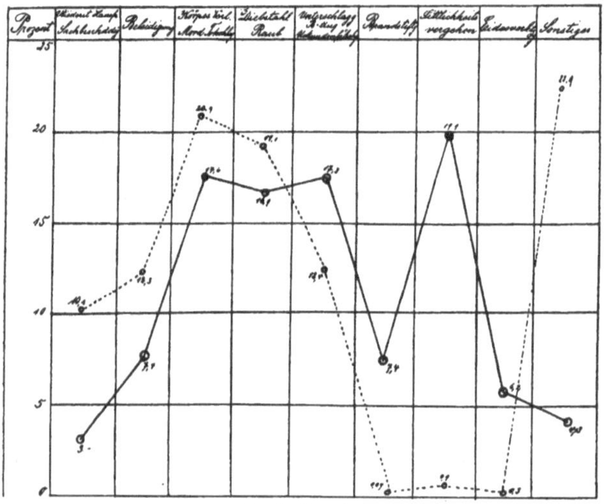

Tabelle 11.

Widerstand, Hausfriedensbruch, Sachbeschädigung und Beleidigung finden sich bei den Gutachtensfällen seltener — vor allem wohl deswegen, weil kleinere Reate bei Personen zweifelhaften Geisteszustandes nur relativ selten gerichtlich verfolgt werden,

Unterschlagung, Betrug, Urkundenfälschung finden sich etwas,

Brandstiftung Sittlichkeitsverfehlungen Eidesverletzung	} ganz bedeutend häufiger als bei der Gesamtheit der Kriminellen.

Diese drei Reate sind also geeignet, die Vermutung eines abnormen Geisteszustandes fast ohne weiteres zu erwecken.

Die hysterisch veranlagten Kriegsneurotiker.

Große Gruppen von Kriegsneurotikern entsprechen dem Typus der Hysterischen. Verstehen wir ja doch unter Hysterischen diejenigen Persönlichkeiten, bei denen Gemütsbewegungen in anomaler Stärke das gesamte Seelenleben beeinflussen und mannigfaltige körperliche Krankheitserscheinungen hervorbringen.

Bei den hysterisch veranlagten Kriegsneurotikern müssen wir stets prüfen:

befanden sie sich zur Zeit der Tat in ihrem gewöhnlichen Zustand,

oder lag ein Ausnahmezustand, ein Dämmerzustand vor,

oder lag eine Komplikation mit Schwachsinn oder lag hochgradige hysterische Degeneration vor.

Im gewöhnlichen Zustand ist der Hysteriker zurechnungsfähig. Die Zurechnungsfähigkeit kann mehr oder minder stark herabgesetzt sein, wenn die Hysterie mit Schwachsinn verbunden ist,

oder wenn die Hysterie mit anderen Formen der psychopathischen Minderwertigkeit oder originärer Krankheitszustände verbunden ist,

oder wenn hochgradige hysterische Degeneration vorliegt,

oder wenn es sich um Affekthandlungen nach Alkoholgenuß handelt.

Die Zurechnungsfähigkeit ist in der Regel aufgehoben, wenn die Tat im Dämmerzustande begangen wurde.

Die Dämmerzustände

werden vielfach von einem Anfall eingeleitet oder durch einen Anfall beschlossen, können aber auch unabhängig von Anfällen eintreten.

Kennzeichen ist eine mehr oder minder stark ausgesprochene Einengung des Bewußtseins, die ausnahmsweise bis zu vollständigen Schlafzuständen führen kann. Sie schließen sich fast stets an gemütliche Erregungen oder an Zeiten starker affektiver Spannung an.

Die Einengung des Bewußtseins kann so gering sein, daß sie dem Laien entgehen kann, unter Umständen, vor allem bei Unkenntnis der früheren Persönlichkeit, auch dem Psychiater nicht ohne weiteres erkennbar sein muß.

Das Handeln des im Dämmerzustande befindlichen Menschen kann annähernd geordnet sein.

An einen hysterischen Dämmerzustand müssen wir in allen Fällen denken

1. in denen Anfälle kurz vor oder nach der Tat bestanden,
2. in denen die Tat im Widerspruch stand mit dem Vorleben des Täters,

3. in denen vor, während oder nach der Tat Zeichen vorhanden waren, die auf eine Einengung des Bewußtseins schließen ließen,

4. in denen der Täter glaubwürdig behauptet, von der Tat keine Erinnerung zu haben oder nur sehr beschränkte Erinnerung zu haben,

5. in denen sonstige Zeichen einer hysterischen oder psychopathischen Veranlagung bestehen,

6. in denen Momente vorausgegangen sind, die gemütliche Spannung oder Erregung auslösen konnten,

7. in denen früher Dämmerzustände bestanden; je häufiger Dämmerzustände auftraten im Vorleben, je häufiger sie ohne besondere auslösende Momente und ohne auffallende Begleiterscheinungen (Anfälle) auftraten, je ausgesprochener die Zeichen der (hysterischen, epileptischen, psychopathischen) Veranlagung sind, desto schwieriger ist es, im Einzelfalle einen Dämmerzustand auszuschließen.

Die Häufigkeit der hysterischen Dämmerzustände wird im allgemeinen wesentlich überschätzt.

Die Neigung zu krimineller Betätigung im Dämmerzustande ist nicht so ausgesprochen wie vielfach angenommen wird.

Bei den Kriegsneurotikern sind die „Dämmerzustände" ungemein bekannt und beliebt als Mittel zur Exkulpierung; die Tatsache, daß der Dämmerzustand nur im Verein mit der Angabe einer Erinnerungslücke Eindruck macht, ist den Kriegsneurotikern ziemlich allgemein bekannt. Außerordentlich häufig ist der Zusammenhang der, daß der Täter die Tat in seinem gewöhnlichen Zustande begeht und Zeichen eines Dämmerzustandes erst dann bietet, wenn er entdeckt wird; die mit dieser Entdeckung, mit der Furcht vor Strafe verbundene gemütliche Erschütterung führt zum Dämmerzustande, die Entdeckung, die Furcht vor Strafe veranlassen die mehr oder minder unbewußt sich vollziehende „Flucht in die Krankheit".

Auch im Felde haben wir solche Dämmerzustände nicht ganz selten in Zeiten von Großkampfhandlungen gesehen; sie scheinen sich besonders dann entwickelt zu haben, wenn die Leute sich den Aufregungen nicht mehr gewachsen fühlten, ihre Absicht aber, die Stellung zu verlassen, wegen Trommelfeuer oder aus anderen Gründen lange nicht ausführen konnten. Besonders zu solchen Dämmerzuständen möchten mir diejenigen Menschen disponiert erscheinen, welche die Begabung haben, sich durch intensives Versenken in gewisse Gedankenreihen von schweren Eindrücken so vollkommen abzulenken, daß sie durch dieselben gar nicht mehr berührt werden, ja trotz der Fortdauer in Schlaf versinken können.

Eine Unterart der Dämmerzustände sind die Haftpsychosen; hier bildet die gemütliche Erregung über Strafe und Strafvollzug das gemütliche, den Dämmerzustand auslösende Moment; die

Haft, der Strafvollzug und die durch sie ausgelösten Vorstellungskreise geben der Haftpsychose vielfach eine bestimmte Färbung.

Ein nach der Tat beobachteter Dämmerzustand rechtfertigt mithin keineswegs die Exkulpierung; er muß aber stets Veranlassung geben zu einer genauen fachärztlichen Untersuchung des Angeklagten.

Begründete Zweifel an der Zurechnungsfähigkeit können dann bestehen,

1. wenn der Beginn des Dämmerzustandes der strafbaren Handlung zeitlich sehr nahe liegt,

2. wenn Momente, die eine starke gemütliche Erregung oder eine starke gemütliche Spannung bedingen konnten, schon vor der Tat bestanden,

3. und wenn auffallendes Verhalten vor und nach der Tat wahrscheinlich gemacht ist,

4. oder wenn die Tat auffallend ist oder im Widerspruch steht mit den Anschauungen und dem Verhalten des Angeklagten in seinem Normalzustand.

Aus der Tatsache, daß Dämmerzustände vielfach durch die Entdeckung, durch die Festnahme ausgelöst werden, ergibt sich die Notwendigkeit einer möglichst raschen richterlichen Vernehmung und ärztlichen Untersuchung der kriminellen Kriegsneurotiker, die feststellt, daß zunächst noch kein Dämmerzustand vorliegt.

Ein in Untersuchungshaft auftretender Dämmerzustand ist mit Sicherheit als Reaktion auf die Festnahme und Untersuchung aufzufassen, er macht aber besondere Nachforschungen notwendig, ob bei der Tat sich Zeichen einer Bewußtseinseinengung nachweisen lassen und

er bedingt fachärztliche Begutachtung,

die zweckmäßig in einer Irrenanstalt erfolgt, da damit der Angeklagte auch der für ihn schädlichen Einwirkung der Untersuchungshaft entzogen wird.

Diese vorübergehende Unterbringung in der Anstalt hat außerdem erheblichen erzieherischen Wert:

Der Angeklagte, dessen Zustand sich in der Anstalt gewöhnlich sehr rasch bessert, kommt dort mit ausgesprochen Geisteskranken in Berührung — er sieht die Schrecken der richtigen Geisteskrankheit;

er kommt mit exkulpierten, in der Anstalt verwahrten Personen in Verbindung, die fast ausnahmslos sagen: zehnmal lieber verurteilt zu einer zeitlich begrenzten Strafe, als für unabsehbare Zeit in der Anstalt;

er weiß, daß das, was nicht normal an ihm ist, berücksichtigt wird, d. h. daß er in der Regel eine nicht allzu strenge Strafe bekommen wird

und er wird damit zur Überzeugung kommen, daß, alles erwogen, es schließlich das beste für ihn ist, wenn er sich der Strafe unterwirft.

Diese in der Untersuchungshaft auftretenden Dämmerzustände äußern sich nicht selten in Form eines „Knalles“, d. h. der Angeklagte kommt in einen Zustand sinnloser Erregung, in welchem er alles demoliert, brüllt, um sich schlägt. Eine Einspritzung einer wässerigen Lösung von Hyoscin 0,001 mit Morf. 0,02 führt zu vorübergehender Beruhigung, während welcher meist Zuführung zur nächsten Anstalt möglich ist, falls inzwischen nicht von selbst Beruhigung eingetreten ist.

Auch solche „Knallzustände“ sollten Veranlassung geben zur fachärztlichen Begutachtung.

Das Auftreten von Dämmerzuständen während des Verfahrens sollte Veranlassung geben, den Strafvollzug, wenn irgend möglich, in einem Gefängnis zu wählen, das eine fachärztlich geleitete Irrenstation besitzt.

Das ist schon deswegen notwendig, weil die Gefängnispsychosen nicht ganz selten von der Dementia praecox recht schwer zu trennen sind; es mag gerechtfertigt sein, eine vorübergehende Haftpsychose in der Strafanstalt zu behalten, eine Dementia praecox aber sollte, wenn der Charakter der Strafanstalt oder der Kranke nicht leiden soll, in eine Irrenanstalt kommen, sofern nicht besondere Gründe (Gefährlichkeit) seine Zurückhaltung in dem Gefängnis rechtfertigen.

Zur Frage der Simulation müssen wir sagen: Menschen, die schon einmal einen Dämmerzustand, einen Affektzustand, einen Erregungszustand durchgemacht haben, haben vielfach bis zu einem gewissen Grade, besonders wenn sie sich in ähnlichen Situationen befinden oder ähnliche Situationen willkürlich herbeiführen oder sich in ähnliche Situationen willkürlich hineindenken, die Möglichkeit, sich in solche Zustände mehr oder minder bewußt und willkürlich zu versetzen,

aber sie haben nicht stets die Möglichkeit, diese Zustände vor ihrem gesetzmäßigen Ablauf willkürlich wieder zu beenden.

Gelegentlich werden Dämmerzustände auch simuliert.

Ähnliche Zustände wie bei der Hysterie kommen auch bei psychopathischen Persönlichkeiten, besonders bei den Erregbaren, unter dem Einflusse einer oft durch geringfügige äußere Anlässe ausgelösten Erregung vor. Die Dauer ist kurz und übersteigt nur ausnahmsweise einige Stunden. Alkoholgenuß begünstigt ihr Auftreten. Anfälle fehlen.

Die Pseudodemenz, jener an Schwachsinn mehr oder minder hohen Grades erinnernde Zustand, der sich bei hysterisch Veranlagten zuweilen als Reaktivzustand einstellt, hat forens kaum Bedeutung; es genügt, wenn Richter und Arzt vom Vorkommen dieses Zustandes bei Kriegsneurotikern Kenntnis haben; der Zustand wird stets Veranlassung geben zur Einweisung in eine Anstalt. Er kann unter dem Einflusse starker Gemütsbewegungen rasch verschwinden.

Die psychopathischen Persönlichkeiten unter den Kriegsneurotikern.

Die für uns in Betracht kommenden Kriegsneurotiker sind fast ausnahmslos (s. Tab. 6) als psychopathische Persönlichkeiten zu bezeichnen, d. h. ihre krankhaften Zustände wurzeln meist im wesentlichen in einer angeborenen und das ganze Leben über bestehenden anomalen Veranlagung. Das schließt nicht aus, daß diese Veranlagung hier wie bei anderen Formen der psychopathischen Persönlichkeiten besonders stark hervortritt in den Jugend- und Entwicklungsjahren, im Gegenteil ist dieses Hervortreten, diese fast gesetzmäßige Beeinflussung durch gewisse Lebensperioden ein Beweis mehr für die Richtigkeit der Auffassung einer persönlichen Veranlagung.

Diese Auffassung schließt auch nicht aus, daß die Veranlagung durch äußere Einflüsse abgeschwächt oder in ihrer Wirkung gesteigert werden kann, je nachdem diese äußeren Einflüsse der inneren Veranlagung entgegenarbeiten, d. h. sie abschwächen, oder ihr in die Hand arbeiten, d. h. sie verstärken. Ein solcher äußerer Einfluß ist die Erziehung. Ein solcher äußerer Einfluß sind die allgemeinen und besonderen Schädlichkeiten des Krieges. Neben dieser besonderen Veranlagung können sich noch andere Züge psychopathischer Minderwertigkeit und andere, ebenfalls auf Entartung beruhende Veranlagungen und Störungen finden; es ist ja nicht Ausnahme, sondern Regel, daß die Einzelzüge einer psychopathischen Konstitution sich mit anderen Zeichen und Zügen, anderen Formen der psychopathischen Minderwertigkeit und mit anderen Formen der „Entartung" vergesellschaften.

Für forense Fälle sind besonders wichtig
die Haltlosen,
die Erregbaren,
die phantastischen Schwindler,
die Gesellschaftsfeinde.

Ziemlich zahlreich sind unter den Kriegsneurotikern vertreten die Haltlosen, ja ich möchte bei einer großen Anzahl der Kriegsneurotiker die (Fortdauer der) Kriegsneurose als Beweis für das Vorhandensein einer konstitutionellen Veranlagung im Sinne der Haltlosigkeit, im Sinne der anomalen Abhängigkeit des Willens von äußeren Einflüssen auffassen und ich möchte annehmen, daß ein nicht kleiner Bruchteil der von Stern als Kranke ohne sonstige Veranlagung bezeichneten Kriegsneurotiker hieher gehört.

Ich bin geneigt, insbesondere die überwältigende Mehrzahl der im Lazarett entstehenden Fälle, soweit sie sich nicht auf Grund einer hysterischen Veranlagung entwickelt haben, als Haltlose aufzufassen.

Die Haltlosen zeigen meist gute Begabung, lebhafte Einbildungskraft, rasch wechselnde Stimmung, Abhängigkeit des

Willens von äußeren Einflüssen (Umgebung, Alkohol usw.) und inneren Zuständen (Geschlechtssphäre) bei geringer Fähigkeit zu zielbewußter Betätigung; daraus ergibt sich eine recht erhebliche Neigung zu krimineller Betätigung, zu Selbstmordversuchen, zu hysterischen Zügen.

Es sind jene Menschen, die in günstiger Umgebung oder bei verständiger Führung, besonders wenn diese Führung sich bis in das vierte Dezennium erstreckt, für ihre Umgebung unbequem, im ganzen aber ziemlich harmlos, ja zu ganz leidlichen, wenn auch niemals dem ersten Eindruck entsprechenden Leistungen befähigt sind,

die aber in ungünstiger Umgebung,

besonders wenn sie dem Alkohol, dem Morphium oder einem anderen Reizmittel unterliegen,

oder dem Einflusse geschlechtlicher Momente unterstehen,

stufenweise rasch und oft sehr tief zu sinken pflegen.

Als strafbare Handlungen kommen in erster Linie bei diesen Haltlosen in Betracht

Diebstähle,

in zweiter Linie Betrug, Unterschlagung, Körperverletzung;

noch seltener Sittlichkeitsverfehlungen.

Mehr als bei anderen Formen der Minderwertigkeit ist hier eine genaue Würdigung des ganzen Lebensganges

und des Einflusses, den die Umgebung auf diesen Lebensgang hatte, notwendig.

Während der Untersuchungshaft ist die große Neigung zu Selbstmordversuchen zu berücksichtigen, die allerdings in der Regel nicht sehr ernst zu nehmen sind, aber doch zweckmäßig zur Einschaffung in eine Anstalt Veranlassung geben, wenn die Belassung auf freiem Fuße nicht möglich ist.

Nicht ganz selten sind unter den Kriegsneurotikern vertreten die Erregbaren, jene leicht reizbaren Menschen mit rasch wechselnder Stimmung, die auf kleine erregende Momente stets mit maximalem Gefühlston reagieren und daher eine Neigung zeigen zu kurzdauernder Einengung des Bewußtseins im Affekte, der bei Vorgängen, die einen gewöhnlichen Menschen kaum erregen, sehr hochgradig sein kann.

Die Begabung ist im allgemeinen gut;

die Gemütsart im allgemeinen freundlich, umgänglich.

Recht häufig finden sich Selbstmordversuche, Wutanfälle, Angriffe mit blinden Affektäußerungen.

Bei diesen Affektäußerungen, zu denen nach Alkoholgenuß natürlich besondere Disposition besteht, ist das Bewußtsein eingeengt, so daß man im gewissen Sinne von Dämmerzuständen reden kann; die Dauer übersteigt einige Stunden gewöhnlich nicht.

Diese Zustände stellen das dar, was man im gewöhnlichen Leben mit dem Worte „Knall“ bezeichnet.

Als Straftaten kommen in erster Linie Bedrohung, Hausfriedensbruch, Körperverletzung, dann Ruhestörung, grober Unfug, selten Unterschlagung, Betrug, Untreue, Diebstahl in Betracht (Kraepelin).

Die Zurechnungsfähigkeit für Affekthandlungen ist eingeengt, nach Alkoholgenuß zuweilen erloschen. Die Verhandlung wird zuweilen gestört. Im Strafvollzug kommt es bei nicht ganz sachverständiger Behandlung relativ oft zu Störungen.

Die innere Unwahrheit vieler Kriegsneurotiker, mancher Psychopathen, einzelner Hysteriker, die besonders in all' den Dingen zutage tritt, welche die eigene Person berühren, kann eine Steigerung erfahren und sich zum Bilde der pseudologia fantastica, des phantastischen Schwindlers entwickeln. Das sind jene unsteten, meist leichtlebigen Menschen, welche Beruf, Stimmung, Ansichten, Pläne, Wohnort rasch wechseln, von lebhafter Einbildungskraft,

meist von Jugend auf zu oft zwecklosen Lügen geneigt,

die in der Regel das eine gemeinsam haben: die eigene Person in den Vordergrund des Interesses zu rücken.

Sie träumen nicht nur, wie das viele Psychopathen besonders in den Entwicklungsjahren tun, von einer besseren Zukunft und Gegenwart, sondern sie entwickeln diese Träume — und zwar meist mit verblüffender Sicherheit — vor ihrer Umgebung und benehmen sich, als ob diese Träume Wirklichkeit wären.

Ihre Kriminalität wurzelt in dem Bestreben, die rauhe Wirklichkeit auf leichtem, wenn auch ungesetzlichem Wege einigermaßen in Übereinstimmung zu bringen mit dem Leben, das ihnen wünschenswert erscheint.

Daraus ergeben sich Betrügereien und Schwindeleien (Zechprellerei, Warenprellerei, Kautionsschwindel, Mietsschwindel, Heiratsschwindel, Kurpfuscherei, Krankenhausschwindel), seltener Diebstähle,

noch seltener Unterschlagung, Urkundenfälschung,

vereinzelt Meineid, Erpressung und Affektvergehen,

gelegentlich einmal ein abenteuerlicher Mordversuch.

Es besteht Neigung zu Landstreicherei, Fremdenlegion.

Die Erscheinungen treten nach der Höhe der Geschlechtsreife meist zurück.

Erbliche direkte Belastung und fehlerhafte Erziehung durch selbst psychopathisch veranlagte Eltern findet sich anscheinend recht häufig.

Ein ganz hübsches Bild eines solchen liebenswürdigen, aber durchaus nicht harmlosen phantastischen Schwindlers hat Frenssen im Baron Hinze („Sandgräfin“) gezeichnet.

Diese Fälle von gewohnheitsmäßiger, von Jugend auf oder doch seit den Entwicklungsjahren bestehenden, auch zwecklos angewendeten Lügenhaftigkeit müssen Veranlassung geben zu eingehender fachärztlicher Beobachtung.

Zuweilen lassen sich Erscheinungen leichteren Schwachsinns nachweisen. Die Zurechnungsfähigkeit kann beim Zusammentreffen komplizierender Momente (Schwachsinn und Alkohol) aufgehoben sein; in der Regel besteht geminderte Zurechnungsfähigkeit. In der Untersuchung, bei der Verhandlung und im Strafvollzug stören sie nur ausnahmsweise. Von der Vereidigung solcher Kriegsneurotiker wird der Richter zweckmäßig Abstand nehmen.

Unter Gesellschaftsfeinden fassen wir jene Menschen zusammen, die sittlich stumpf, nicht fähig sind, den Pflichten gegen die Allgemeinheit die ihnen gebührende Stelle gegenüber den Wünschen des „Ich" einzuräumen.

Wir finden sie besonders unter den Fürsorgezöglingen.

Die Verstandesbegabung liegt durchschnittlich unter dem Mittel.

Die Aufmerksamkeit, die geistige Regsamkeit zeigen Schwankungen.

Sie lernen leicht und vergessen leicht.

Lügnerisch, eitel, selbstgefällig, stimmungsschwankend, meist reizbar, ohne tiefere gemütliche Regungen, ohne Mitgefühl, schwer beeinflußbar, meist früh zu sexuellem Leben erwacht, zu Sittlichkeitsverfehlungen geneigt, geraten sie fast ausnahmslos oft schon in frühester Jugend mit dem Strafgesetz in Konflikt.

Diebstahl findet sich fast bei 70%.

Unterschlagungen bei 20%.

Betrügereien, Fälschungen bei 12%.

Mehr als 80% der den Anstalten zugeführten Kranken hatte das 20. Lebensjahr noch nicht überschritten (Kraepelin).

Schon die Tatsache, daß hysterische Symptome sich nicht selten finden, beweist, daß auch unter den Kriegsneurotikern solche Gesellschaftsfeinde angetroffen werden — sie sind das, was man eben verbrecherische Naturen nennt.

Eine Berücksichtigung im Sinne einer geminderten Zurechnungsfähigkeit ist hier nur ausnahmsweise beim Vorliegen komplizierender Momente und auch dann in der Regel nicht im Sinne einer Verkürzung der Strafzeit angezeigt.

Sichernde Maßnahmen nach Ablauf der Strafzeit sind dringend notwendig.

Die schwachsinnigen und schädelverletzten Kriegsneurotiker.

Nicht selten entwickelt sich die Kriegsneurose auf dem Boden eines Schwachsinnes. Schwachsinn führt zu 1. Sittlichkeitsverfehlungen, 2. Brandstiftung.

Die Zurechnungsfähigkeit ist bei den leichten Graden erhalten, oft kaum erheblich gemindert,

bei Komplikation mit Alkohol, psychopathischer Veranlagung ist die Zurechnungsfähigkeit eingeengt, für Affekthandlungen zuweilen ausgeschlossen; bei den höheren Graden, die unter der geistigen Stufe des zwölfjährigen Kindes stehen, ist sie ausgeschlossen.

Daß sich die Erscheinungen der Kriegsneurose auch bei organisch Hirnverletzten finden können, habe ich bereits ausgeführt.

Die Zunahme der Kriegsneurotiker in den letzten Kriegsjahren ist, abgesehen von dem Einflusse, den das Abflauen der Begeisterung haben mußte, darauf zurückzuführen, daß in den letzten Jahren in zunehmendem Maße unentwickelte oder pathologisch veranlagte Menschen zum Heeresdienste herangezogen und zu einem erheblichen Bruchteil, wenigstens vorübergehend, in der Gefahrenzone verwendet wurden, Menschen, an deren militärische Einziehung im Frieden kein Mensch gedacht hätte. Kriminelle Kriegsneurotiker sind Psychopathen, Hysteriker, schwachsinnige Menschen, bei denen sich während des Heeresdienstes die körperlichen Erscheinungen der Kriegsneurose entwickelt haben; diese körperlichen Erscheinungen rechtfertigen vom wissenschaftlichen Standpunkte aus an sich durchaus nicht eine von den allgemeinen Regeln abweichende psychiatrische Beurteilung, sie müssen aber Veranlassung geben, zu prüfen, ob und inwieweit die den körperlichen Erscheinungen zugrunde liegende Veranlagung die Zurechnungsfähigkeit aufhebt oder einengt.

Wie verhalten wir uns gegenüber dem Kriegsneurotiker?

Den Kriegsneurotiker ohne weiteres als ethisch minderwertigen Menschen zu betrachten, haben wir kein Recht, solange dieses Urteil sich nur auf die Tatsache seines Zustandes gründet; wir können, wenn wir ihn genau untersucht, seinen Zustand, seinen Lebensgang genau festgestellt haben, die Motive klar gelegt haben, in denen sein Krankheitswille oder der Mangel an Gesundungswillen wurzelt, dazu kommen, ihn unter Umständen recht niedrig einzuschätzen, aber wir dürfen es nicht ohne weiteres tun. Der Kriegsneurotiker empfindet es bis zu einem gewissen Grade in berechtigter Weise als unbillige Kränkung, als ein ihm zugefügtes Unrecht, wenn er von vorneherein mit einer gewissen Geringschätzung behandelt wird. Andererseits hat er aber meist doch ein Gefühl dafür, daß sein Zustand etwas anderes ist als andere Krankheiten:

der Nachdruck, mit dem die meisten Neurotiker ihre Krankheit betonen, ihr Bedauern aussprachen, nicht mehr ins Feld zu kommen,

den Wunsch nach Heilung aussprachen,

die Freude über die bevorstehende oder eingetretene Heilung betonen; die Selbstverständlichkeit, mit der sie meistens ihren Zustand hinnehmen; die Schüchternheit, mit der sie in der Regel dem Sachverständigen gegenüber ihre Unzurechnungsfähigkeit einzuwenden versuchen; die Selbstverständlichkeit, mit der sie schließlich in der Regel die Strafe hinnehmen,

die zuweilen nachweisbare Neigung bei freisprechendem Urteil oder bei Zuerkennung der Rente sich in renommierender Weise damit zu brüsten, daß sie den Richter, den Arzt hinters Licht geführt haben, sind ebensoviele Beweise dafür, daß doch ein gewisses Gefühl für diese Sonderstellung seiner Krankheit beim Neurotiker meist besteht.

Wir müssen den Neurotiker als einen in anomaler Weise willensschwachen und zu meist starken Affektschwankungen geneigten Menschen betrachten, der einer wohlwollenden, aber konsequenten Führung bedarf,

als einen Menschen, dem wir stets mit einer gewissen Reserve entgegentreten werden. Eingehende Untersuchung und Prüfung seines ganzen Lebensganges wird uns in der Regel befähigen, zu einem bestimmten Urteil über seine ethischen Qualitäten zu gelangen und einem solchen auf Grund eingehender Beschäftigung erworbenen Urteil ordnet sich der Kriegsneurotiker auch in der Regel unter. Für den Richter empfiehlt es sich, ebenso für den Arzt, den Neurotiker auch in „simulationsverdächtigem" Falle als schwachen, der Versuchung leicht unterliegenden, im Grunde aber zunächst nicht verdorbenen Menschen zu betrachten und mit ernster Güte zu behandeln, ohne aber irgendwie den Versuch zu dulden, daß er sein Verhalten beschönigt oder auf andere zurückführt.

Mit ernster Bestimmtheit wird man ihm in bezug auf seine strafbaren Handlungen immer wieder sagen: „Ich weiß, daß Sie sich beherrschen können."

Ironische Behandlung, barscher Ton, Pathos ist nicht angezeigt. Jede Verwöhnung, übertriebenes Eingehen auf die anomalen Bedürfnisse, jedes auffällige Mitleid, alles, was in dem Neurotiker das Gefühl stützen könnte, er sei anders als andere Menschen, ist zu vermeiden.

Für Anerkennung guter Handlungen, tapferer Leistungen sind die meisten Formen der Kriegsneurotiker sehr empfänglich — Objektivität ist das, was ihnen an anderen am meisten imponiert, weil es ihnen meist fehlt. In nicht ganz leichten Fällen kann man das Zugeständnis machen: „Ich weiß, daß Sie nervös sind, daß Sie besonders reizbar sind, aber soweit können und müssen Sie sich beherrschen, sonst passen Sie nicht in das Leben, Sie enden entweder in der Irrenanstalt oder in der Strafanstalt."

Wirft der Angeklagte selbst die Frage der Unzurechnungsfähigkeit auf, so wird man ihm in nicht ganz klaren Fällen ärztliche Untersuchung in Aussicht stellen, man wird ihn aber darauf hinweisen, daß Unzurechnungsfähige, die sich verfehlen und dadurch andere gefährden, eigentlich in eine Irrenanstalt gehören,

man wird ihn darauf hinweisen, daß sein Aufenthalt in der Irrenanstalt solange dauern muß, als sein Zustand für andere Menschen Gefahren in sich birgt,

man wird ihn auf die Nachteile hinweisen, die aus der Unzurechnungsfähigkeit für ihn, für seine spätere Erwerbstätigkeit, für seine Zukunft voraussichtlich erwachsen werden.

Eine möglichst gründliche Vernehmung möglichst bald nach der Festnahme ist bei dem Kriegsneurotiker doppelt notwendig, um festzustellen, ob Zeichen eines Dämmerzustandes vorhanden sind.

Bei der Vernehmung sollte jede Suggestivfrage, jede Frage, die dem Angeklagten einen selbst ganz nebensächlichen Umstand kundgibt, den der Richter kennt, der Angeklagte aber noch nicht gesagt hat, tunlichst vermieden werden:

Bei Bewußtlosigkeit, bei den Dämmerzuständen, weniger beim pathologischen Rausch ist der Nachweis von Erinnerungslücken diagnostisch wichtig; in der Anstalt erzählt der Angeklagte oft genau alle Begleitumstände der Tat; es ist von höchster Bedeutung, wenn der Begutachter an der Hand des ersten Vernehmungsprotokolles nachweisen kann, daß diese Begleitumstände nicht von der Tat her, sondern aus späteren Vernehmungen, aus Mitteilungen Dritter, aus Zeitungsberichten usw. in dem Gedächtnis des Täters sind.

Zweckmäßig wird der Angeklagte in Fällen, die auf Dämmerzustand verdächtig sind, aufgefordert, die Ereignisse der Zeit unmittelbar vor, während und nach der Tat schriftlich niederzulegen und dabei genau anzugeben, bei welchen Tatsachen seine Erinnerung aufhört und mit welchen Tatsachen sie wieder beginnt.

Im Protokolle sollte jede Frage des Richters kurz skizziert, jede Antwort des Angeklagten tunlichst wortgetreu niedergelegt werden, und zwar um so genauer, wenn die Antwort sinnwidrig oder unverständlich ist; Fehlen einer Antwort, Antwort erst nach mehrmaligen Fragen, auffallende gemütliche Reaktionen sollten genau vermerkt werden — aus einem solchen Protokoll kann der Psychiater zuweilen schon die Diagnose stellen, jedenfalls gibt es ihm die wichtigsten Anhaltspunkte für das Gutachten.

Ganz verwerflich wäre, wenn ein Richter solange fragen würde, bis er aus den mehrfachen Antworten sich einen einigermaßen vernünftigen Sinn herausschälen kann und wenn er diesen Sinn dann ohne weiteres protokollarisch mit eigenen Worten niederlegen würde — ein solches Protokoll würde nicht nur ein unvollständiges, sondern direkt ein irreführendes Bild von dem Geisteszustand des Einvernommenen ergeben, zu ganz falschen psychiatrischen Schlüssen führen. Am Schlusse des Protokoll sollte zweckmäßig der Eindruck kurz geschildert werden, den das ganze Verhalten des Vernommenen auf den Richter machte.

Die relativ große Neigung gewisser Fälle von Kriegsneurotikern zu Selbstmordversuchen in der ersten Zeit der Untersuchungshaft wäre zu berücksichtigen:

Man forsche bei der ersten Vernehmung nach früheren Selbstmordversuchen und verzichte, wenn sich solche nachweisen lassen, wenn irgend möglich auf Untersuchungshaft; finden sich noch weitere Gründe für eine Anstaltsbeobachtung, so führe man die Aufnahme in die zuständige Anstalt herbei.

Die gleiche Vorsicht ist bei Kriegsneurotikern mit Dämmerzuständen angezeigt, die man möglichst ausgiebig zur Begutachtung den Anstalten zuweisen möge.

Die Momente, deren Häufung den Richter veranlassen sollten, ärztliche oder fachärztliche Begutachtung herbeizuführen, habe ich auf S. 79 zusammengestellt; beim Kriegsneurotiker werden vor allem Schädelverletzungen Veranlassung geben zu fachärztlicher Begutachtung. Auch jugendliche Kriegsneurotiker wird man schon bei geringfügigen Zügen geistiger Anomalität zweckmäßig zur Begutachtung einer Anstalt überweisen; im übrigen wird der Richter jugendliche Kriegsneurotiker in geeigneten Fällen nach Anhörung des Arztes in möglichst großem Umfang der Fürsorgeerziehung zuführen.

Eine möglichst rasche Durchführung des Verfahrens ist die größte Wohltat, die dem Kriegsneurotiker erwiesen werden kann, denn die gemütliche Spannung eines schwebenden Strafverfahrens ist eine schwere seelische Schädigung, ist direkt eine Gefahr für ihn.

Der Richter mache es sich zur Pflicht, alle anamnestischen Angaben auf ihre Glaubwürdigkeit nachzuprüfen; nur eine genaue objektive Feststellung des Lebensganges sichert eine richtige Beurteilung; der Vergleich dieser Feststellungen mit den Angaben des Kranken gibt oft wichtige Einblicke. Nie lasse man sich durch Orden, Uniformen, Rangabzeichen blenden — sie werden nicht immer zu Recht getragen!

Bei den Angaben der Angehörigen, bei den Besuchen der Angehörigen vergesse man nicht, daß sich in nicht ganz seltenen Fällen pathologische Züge auch bei den nächsten Verwandten finden, und daß vor allem manche Mutter in menschlich begreiflicher, aber dem Kranken und der Wahrheit nicht immer zuträglichen Weise sich um ihr Kind anzunehmen bemüht ist.

Kriegsneurotikern, die schon vor dem Kriege öfter vorbestraft waren, begegne man mit höchster Vorsicht; für diese kriminellen Personen waren die Nervenlazarette, die Neurotikerstationen, die Heil- und Pflegeanstalten, durch die sie — oft von einem Lazarett zum andern — gewandert sind, wahre Hochschulen der Psychiatrie; die theoretischen Kenntnisse und praktischen Erfahrungen dieser Gruppe von Kriegsneurotikern sind oft geradezu erstaunlich.

Bei Neigung zu unwahren Angaben verzichtet der Richter gerade beim Kriegsneurotiker auf Beeidigung, die überhaupt beim Kriegsneurotiker in allen ihn persönlich berührenden Angelegenheiten zweckmäßig möglichst eingeschränkt wird.

Bei Kriegsneurotikern, die wegen Meineid angeklagt sind, wird zuweilen die Tat als fahrlässiger Falscheid gewertet werden können.

Affekthandlungen und Alkoholeinwirkung können eine mildere Beurteilung rechtfertigen, besonders bei noch nicht erheblich Vorbestraften.

Sehr lästig ist die Neigung vieler Erregbarer und einzelner hysterisch veranlagter Kriegsneurotiker, die Verhandlung, besonders wenn sie eine ungünstige Wendung nimmt, durch Erregungszustände, durch Anfälle zu stören.

Eine kurze Unterbrechung der Verhandlung, sobald man merkt, daß der Angeklagte in Erregung gerät,

eine gewisse Beschränkung in der Zeugenvernehmung auf die absolut notwendigsten Aussagen, die überhaupt angezeigt ist,

ein Zuspruch des Verteidigers oder Arztes,

ein vorübergehendes Ablenken auf ein weniger verfängliches Thema,

der Hinweis, daß die Verzögerung dem Angeklagten Nachteil bringe, kann in manchen Fällen, aber nicht immer, solche Szenen verhüten.

Es empfiehlt sich, angeklagte Kriegsneurotiker, die eine solche Unterbrechung verursacht haben, in die Irrenanstalt zur Beobachtung einzuweisen. In der Regel lernen sie in der Anstalt einsehen, daß Strafe besser ist als Geisteskrankheit, und in der Regel beherrschen sie sich dann bei der neuen Verhandlung.

Der Sachverständige wird zweckmäßig, besonders wenn er sich für eine geminderte Zurechnungsfähigkeit ausspricht, gefragt, ob er vom ärztlichen Standpunkte aus

die Bewilligung mildernder Umstände

oder den Vorschlag für bedingte Begnadigung

befürwortet und ob er besondere Winke für den Strafvollzug zu geben hat.

Die größte Gefahr, die dem Kriegsneurotiker droht, ist die Gefahr, daß er durch das Strafverfahren rückfällig wird und daß seine Erscheinungen eine weitere Fixierung erfahren.

Die Gefahr des Rückfalles, des Wiederauftretens von verschwundenen, die Gefahr der Verstärkung der gebesserten körperlichen Erscheinungen ist durch alle erregenden Momente gegeben;

wir können diese aus jedem Strafverfahren drohende Gefahr einschränken, indem wir um möglichst rasche Durchführung des Verfahrens gegen Kriegsneurotiker bemüht sind — vermeiden können wir sie nicht.

Fixiert werden die körperlichen Erscheinungen, die Reaktiverscheinungen des Neurotikers, durch alle Momente, die eine Stärkung des Krankheitsgefühles und eine Stärkung des Krankheitswillens bedingen.

Das Krankheitsgefühl wird gestärkt, wenn wir ihn für unzurechnungsfähig erklären und damit seine Krankheit amtlich bestätigen.

Der Krankheitswille wird gestärkt, wenn wir ihn für unzurechnungsfähig erklären und ihm damit rechtlich, strafrechtlich und moralisch einen Freibrief ausstellen, ungestraft, vielmehr bemitleidet tun und lassen zu können, was er will.

Freisprechung und die nicht individualisierende Amnestie ist, psychiatrisch gesprochen, der größte Kunstfehler, den man am Neurotiker begehen kann, weil sie Krankheitsgefühl und Krankheitswillen, die beiden Wurzeln der Neurose, stärken.

Da, wo Zweifel an der Zurechnungsfähigkeit bestehen, sollte das Verfahren niemals ohne weiteres eingestellt, sondern der Neurotiker der Anstalt zur Beobachtung zugewiesen werden.

Ergibt sich, daß er unzurechnungsfähig ist, dann gehört er wenigstens zunächst in die Anstalt, weiterhin unter Anstaltsfürsorge. Der Aufenthalt in einer Irrenanstalt hat für den Kriegsneurotiker zweifelhaften Geisteszustandes einen großen erzieherischen Wert: Der Neurotiker sieht das schwere und traurige Bild ausgesprochener Geisteskrankheit,

er hört von dem Arzt, daß auch bei ihm Neigung zu ausgesprochener Geisteskrankheit besteht, wenn er sie nicht bekämpft.

Er hört von anderen kriminellen Geisteskranken, daß es ein schwereres und härteres Los ist, auf unbestimmte Zeit in eine Irrenanstalt, als auf eine befristete Zeit in den Strafvollzug zu kommen,

er begreift, daß ihm entweder Anstalt oder Strafvollzug sicher ist.

Die meisten Kriegsneurotiker, die einige Wochen Anstaltsbeobachtung durchgemacht haben, gelangen doch zur Auffassung, daß gesund zu sein und sich nicht gegen die Gesetze zu verfehlen zu bevorzugen ist.

Für gewisse Gruppen von Kriegsneurotikern, die vor dem Kriege nicht oder nicht nennenswert straffällig geworden waren, besonders für jugendliche Kriegsneurotiker, kann bedingte Begnadigung empfohlen werden.

Soweit ich als Laie mir ein Urteil erlauben darf, möchte es mir zweckmäßig erscheinen, wenn erwogen würde, ob nicht das Gericht das Recht der bedingten Begnadigung erhalten könnte.

Im Laufe von zwei oder drei Jahren rückfällige Psychopathen und Kriegsneurotiker sollten grundsätzlich von jeder Amnestie ausgeschlossen werden, soweit sie nicht von der Strafvollzugsanstalt nach Anhörung des Arztes im Einzelfalle aus besonderen Gründen empfohlen werden.

Für die Untersuchungsgefängnisse unserer großen Gerichte (und für die großen Strafanstalten!) sollten kleine psychiatrische Beobachtungsstationen eingerichtet werden, deren Ärzte zweckmäßig in dauernder Fühlungnahme mit den Psychiatern der zuständigen Irrenanstalt oder Klinik stehen sollten.

Ich möchte am Schlusse noch eine recht treffende Bemerkung Weilers wiederholen: er weist mit Recht darauf hin, daß den in den militärischen Krankengeschichten und Akten befindlichen militärärztlichen Gutachten nur eine beschränkte Bedeutung zukommt, da sie naturgemäß nicht selten von Ärzten ohne spezielle Fachbildung stammen.

Der Kriegsneurotiker im Strafvollzug.

Die Hauptaufgabe wird dem Strafvollzug zufallen.

Wir Psychiater hoffen, daß das neue Strafgesetzbuch bald kommt und daß ihm bald ein neues Strafvollzugsgesetz folgen möge; ich möchte hier einige psychiatrische Gesichtspunkte für den Strafvollzug erwähnen, deren Verwirklichung teilweise dank dem verständnisvollen Entgegenkommen unserer Justizbehörden schon begonnen ist.

Wir wissen, daß sich besonders unter den rückfälligen Kriminellen ein sehr hoher Prozentsatz von geistig nicht normalen Personen befindet; es ist eine natürliche Konsequenz dieser Erkenntnis, daß wir eine erhöhte Berücksichtigung psychiatrischer Gesichtspunkte beim Strafvollzug befürworten, die auch den Kriegsneurotikern zugute kommen wird:

der Einfluß des Hausarztes sollte erhöht werden — allgemein und besonders hinsichtlich der geistig nicht Normalen.

Die Stellung des Hausarztes sollte so gestaltet werden, daß er wenig oder gar nicht auf Praxis angewiesen wäre und Zeit hätte, sich nicht nur um das körperliche Befinden, sondern auch um den Geisteszustand seiner Pflegebefohlenen zu kümmern, Defektzustände festzustellen, den Gefangenen menschlich näher zu treten, persönliche Fühlung mit ihnen zu gewinnen, sich um sie, ihre Veranlagung, ihren Entwicklungsgang, ihre Zukunft, kurz um ihre gesamten familiären und persönlichen Verhältnisse anzunehmen.

Bei der Anstellung der Strafanstaltsärzte sollte auf praktische **psychiatrische Vorbildung**, tunlichst erworben durch Beschäftigung an einer öffentlichen Irrenanstalt noch mehr Gewicht gelegt werden; die Möglichkeit der psychiatrischen Fortbildung im Wechsel an einer Klinik und in der zuständigen Kreisirrenanstalt sollte gesichert sein.

Zweckmäßig wäre eine ständige Fühlungnahme des Hausarztes mit der für das Gebiet zuständigen Kreisirrenanstalt und die gegenseitige Vertretung des Arztes im Urlaub durch einen Psychiater dieser Anstalt anzustreben.

Die Strafanstalten sollten zweckmäßig mindestens ein- bis zweimal im Jahre durch einen erfahrenen Facharzt, der am besten wohl vom Direktor der zuständigen Kreisirrenanstalt zu bestimmen wäre, besucht werden; dieser **beratende Psychiater** würde wohl zweckmäßig Gelegenheit erhalten, in einer Beamtenkonferenz seine Ansichten und Vorschläge geltend zu machen; der Strafanstaltsarzt hätte die Möglichkeit, bei diesen Besuchen unklare Fälle mit dem Psychiater durchzusprechen; dem Psychiater wäre wissenschaftlich wertvoller Einblick in die geistige Verfassung der Kriminellen ermöglicht. In jeder größeren Strafanstalt sollte eine kleine **psychiatrische Station** mit 1—3 geschulten Irrenwärtern eingerichtet werden, die aus 1—2 kleinen Sälen, 2—4 Einzelzimmern bestehen sollte.

Der ganze Geist des Strafvollzugs würde sicher nur Vorteil schöpfen, wenn die pathologischen Züge im Wesen vieler Krimineller, besonders im Wesen der Rückfälligen, der Jugendlichen, der Kriegsneurotiker allgemein anerkannt und berücksichtigt würden in einer Form, die mit dem Geiste und dem Ernste des Strafvollzugs durchaus vereinbar wäre; fachärztliche Ausbildung der Strafanstaltsärzte, ständige Fühlungnahme mit der zuständigen Kreisirrenanstalt und mit einem beratenden Psychiater, Einrichtung einer kleinen psychiatrischen Station wären wichtige Mittel zur Erreichung dieses Zieles.

Darüber, daß der **Alkohol** im Strafvollzuge unter allen Umständen auszuschalten ist, dürfte wohl jetzt schon Übereinstimmung bestehen.

Nikotin ist bei den Kriegsneurotikern ebenfalls zweckmäßig sehr erheblich einzuschränken.

Für die geistig nicht Normalen wäre wohl zweckmäßig ein besonderes **Bewährungs- und Vergünstigungssystem** einzurichten, das bei Bewährung auch Beurlaubung vorsehen möge; **Verfehlungen** sind durch Einschränkung oder zeitlichen Entzug der Vergünstigungen zu ahnden; auch diese Einschränkung sollte an die Zustimmung des Strafanstaltsarztes gebunden sein; Strafverschärfung sollte nur mit Zustimmung des Arztes angängig sein.

Jede überflüssige Härte ist schädlich und daher unbedingt zu verwerfen; mehr als bei anderen Menschen ist bei den Psychopathen notwendig: „fortiter in re, suaviter in modo!“ Bei aller Güte, bei allem Wohlwollen ist eiserne Konsequenz unbedingt erforderlich.

Von höchster Bedeutung ist die Beschäftigung der kriminellen Minderwertigen; dabei ist darauf Bedacht zu nehmen, daß vorhandene Kenntnisse und Fertigkeiten nach Möglichkeit weiterentwickelt werden; bei der Wahl der Beschäftigung ist besonders zu berücksichtigen, daß sie dem Psychopathen nach der Strafe sein Fortkommen möglichst erleichtern soll; von höchster Bedeutung ist die Beschäftigung im Freien, im landwirtschaftlichen und Gärtnereibetrieb, die keiner Strafanstalt fehlen sollte.

Eine hohe Bedeutung kommt der Pflege und Entwicklung der Religiosität zu.

Der Unterricht hat weniger eine Vermehrung des Wissens, als eine Stärkung des Willens durch systematisch abgestufte Übungen und tunlichst eine Hebung des Charakters anzustreben.

Der Pflege der Musik, für welche viele Psychopathen und Schwachsinnige eine besondere Begabung zeigen, ist ebenso wie der Förderung kleiner harmloser Liebhabereien, denen tunlichst eine ernste Grundlage zu geben ist, eine gewisse Bedeutung beizumessen.

Lange dauernde Einzelhaft ist beim Psychopathen nur mit großer Vorsicht anzuwenden und zu unterbrechen, sobald der Psychopath Angst vor dem Alleinsein oder Anzeichen einer Haftpsychose bietet.

Auftauchende körperliche Erscheinungen der Kriegsneurose, wie Zittern, Anfälle werden vielfach um so rascher wieder verschwinden, je weniger ihnen nach einmaliger gründlicher Untersuchung Beachtung geschenkt wird; Übertragung auf die vielfach sehr empfängliche Umgebung vermeide man durch Absonderung.

Abgesehen von anderen Gründen hält mich die Gefahr einer gegenseitigen Ansteckung ab, einen Strafvollzug der nervös Kriegsbeschädigten in eigenen Anstalten zu befürworten.

Bei Besuchen der Angehörigen, bei dem Briefwechsel mit Angehörigen halte man sich vor Augen, daß unter diesen selbst nicht ganz selten sich psychopathische Persönlichkeiten befinden, deren Einfluß sehr oft ein nicht günstiger ist; besonders allzu mitleidige weibliche Familienangehörige stärken nicht ganz selten bei den Kriegsneurotikern Krankheitsgefühl und Krankheitswillen.

Es ist dankbar anzuerkennen, daß in Bayern in durchaus humaner und zweckmäßiger Weise der Strafvollzug durch die Einweisung in eine Irrenanstalt regelmäßig nicht als unterbrochen angesehen wird.

Für außerordentlich wichtig würde ich es halten, wenn den Vorständen der Strafanstalten das Recht zugestanden werden könnte, auf ärztlichen Vorschlag nach kollegialer Beratung Kriegsneurotiker, die sich im Strafvollzug musterhaft gehalten haben, unter bestimmten, nach der Individualität und den äußeren Verhältnissen des Gefangenen abgestuften Bedingungen zu beurlauben; regelmäßig zu stellende Bedingung wäre:

1. Aufnahme und Beibehaltung einer erwerbstätigen Beschäftigung in einer bestimmten Arbeitsstelle;

2. Rückkehr in den Strafvollzug, falls der Gefangene innerhalb einer gewissen Frist wieder straffällig werden oder die ihm auferlegten, stufenweise zu lockernden Bedingungen nicht einhalten würde.

Während der Beurlaubung hätte zweckmäßig eine zunächst sorgfältige, bei Bewährung zunehmend zu lockernde Beaufsichtigung und Fürsorge zu erfolgen.

Wenn ruhigere Verhältnisse wiedergekehrt sind, möchte ich diese Beurlaubungen für zahlreiche Kriegsneurotiker und darüber hinaus für weite Kreise der jugendlichen, schwachsinnigen und psychopathischen Kriminellen für wichtig und zweckmäßig halten: die mit Bestimmtheit zu erwartende weitgehende Verschlechterung unserer wirtschaftlichen Verhältnisse wird uns kaum gestatten, die enorm gewachsene Zahl der Kriminellen dauernd während der ganzen Strafzeit in Strafanstalten zu halten.

Bisher wurden die Strafanstalten entvölkert durch die Amnestieen; schlimmer als alles, mehr demoralisierend als die Unterlassung der Strafverfolgung wirkt die Häufung der unterschiedslosen Amnestieen: sie leeren für den Augenblick die Strafanstalten, aber nur um sie dann desto nachhaltiger wieder zu füllen mit einer in zunehmend schwerer Weise kriminellen Bevölkerung; sie zerstören besonders bei den geistig nicht ganz normalen Personen die letzten Reste von Rechtsempfinden und nehmen vielen Psychopathen die letzten Reste von Hemmung. Wir müssen also einen anderen Weg zur Entlastung der Strafvollzugsanstalten suchen und dieser bietet sich in der den individuellen Verhältnissen angepaßten und Rechnung tragenden Beurlaubung unter Aufsicht und Fürsorge.

Ich habe als erster den Versuch gemacht, die Irrenanstaltsverpflegung der geisteskranken und geistig nicht normalen Personen zu ergänzen, in geeigneten Fällen dauernd zu ersetzen durch eine organisierte Fürsorge außerhalb der Anstalt und ich darf sagen, daß die Resultate überraschend günstig sind und daß der Gedanke einer solchen Fürsorge in psychiatrischen Fachkreisen rasch Boden zu gewinnen scheint; es liegt nahe, diese in der Irrenfürsorge, speziell in der Psychopathenfürsorge bewährte Einrichtung auch auf die kriminellen Psychopathen und die kriminellen Jugendlichen zu übertragen und damit den Gedanken schon jetzt aufzunehmen, der im Entwurf zu einem neuen Strafgesetzbuch in der Schutzaufsicht angedeutet ist — wir müssen diese Schutzaufsicht wohl zweckmäßig in Form einer psychiatrisch geleiteten oder doch psychiatrisch erheblich beeinflußten Fürsorge für die Kriminellen, besonders für die geistig nicht normalen Kriminellen baldigst einführen und zum Nutzen für die Kriminellen und zum Nutzen für die Allgemeinheit die unkritische allgemeine Amnestie ersetzen oder doch ergänzen durch die kritisch ausgewählte Beurlaubung unter Fürsorge und Aufsicht.*)

Auf diese Weise wird uns auch möglich werden, einem anderen wichtigen Gesichtspunkt Rechnung zu tragen: Der Krieg hat tiefe Spuren hinterlassen nicht nur bei den Kriegsbeschädigten im engeren Sinne, kriegsbeschädigt sind weite Kreise unseres Volkes, die nicht im Heeresdienste standen.

Die Kriegsbeschädigungen der nicht im Heeresdienste stehenden Bevölkerung.

Ich will nicht von den Gemütsbewegungen reden, mit denen Frauen, Eltern, Kinder jeden Augenblick die Nachricht vom Tode des geliebten Mannes, Sohnes, Vaters, der vielleicht der einzige Versorger der Familie war, zu erhalten fürchteten;

nicht von den Wochen, Monaten, zuweilen Jahren fürchterlichster Ungewißheit, bis endlich über das Schicksal eines Vermißten abschließende Nachrichten einliefen;

nicht von dem immer neuen Trennungsschmerz nach jedem, ach so kurzen Urlaube;

nicht von den gemütlichen Erregungen und geistigen Ansprüchen, die sich daraus ergaben, daß schwache Frauen, alte Eltern, unerwachsene Kinder die Geschäfte des Mannes übernehmen mußten;

nicht von den seelischen Kämpfen, welche Mütter und Frauen durchgemacht haben im bangen Zweifel: was ist höhere sittliche Pflicht, den Mann wieder ins Feld zurückkehren zu lassen, oder ihm zum Dableiben zuzureden;

nicht von den seelischen Erregungen, die der wechselvolle Gang des Krieges bedingte —

diese Lasten hatten zu allen Zeiten die Angehörigen zu tragen.

Dieser Krieg hat neue unerhörte seelische Anforderungen gestellt, auch an diejenigen, die in der Heimat geblieben sind.

In erster Linie muß ich hier die Hungerblockade nennen, die uns doppelt schwer treffen mußte, weil sie uns nach einer Periode unerhörten wirtschaftlichen Aufschwunges und erfreulicher sozialer Fürsorge traf in geradezu glänzend gewordenen Ernährungsgewohnheiten: wir Deutsche hatten fast in allen Nahrungsmitteln den stärksten Konsum und tatsächlicher Mangel an den nötigsten Nahrungsmitteln war im Deutschen Reiche auch dem Unbemittelten unbekannt geworden.

*) Vgl. Vorläufige Entlassung und Beurlaubung auf Wohlverhalten (Baden), ferner Selbststrafkürzung, Ztschr. f. StRW. 34 S. 365. Irrenfürsorge außerhalb der Anstalt, Kolb, Ztschr. f. d. ges. Neur. u. Psych. 47 S. 139 u. 154.

Mit nicht sehr vielen Ausnahmen waren im Kriege alle Deutschen in der Heimat unterernährt, viele von ihnen bei gleichzeitiger körperlicher und geistiger Überbürdung; wir wissen, daß dauernde Unterernährung auch die Widerstandsfähigkeit des Zentralnervensystems schwächt und besonders dann, wenn sie mit erhöhtem Kräfteverbrauch einhergeht, Schädigungen besonders im Sinne einer erhöhten Reizbarkeit bedingt.

Als seelische Schädigungen kamen noch hinzu:

das ständige quälende Hungergefühl und vor allem schwere seelische Konflikte: Hunderttausende von Menschen sind einem langsamen Siechtum anheimgefallen; die Seele der Angehörigen wurde wohl stets von bangen Zweifeln zerrissen: „Ist es nicht meine Pflicht, trotzdem mich der Hunger quält, noch weniger zu essen, noch mehr von meiner Ration meinem Kinde, meinen Eltern zu geben? Aber was dann, wenn ich auch arbeitsunfähig werde; wenn meine Kinder, deren Vater stets vom Tode bedroht ist, auch die Mutter verlieren?“

Dazu der innere Kampf: „Ich habe stets die Gesetze zu halten mich bemüht, ist es jetzt nicht Pflicht, sie zu übertreten, um meiner hungernden Familie Nahrung zu verschaffen?“

Die zu knapp bemessene Ration, die alle, aber auch alle in der Heimat Zurückgebliebenen schließlich zwang, dauernd die gesetzlichen Bestimmungen zu übertreten, hat das Rechtsempfinden und das Rechtsgefühl weiter Kreise schließlich in erheblichem Maße schwächen müssen.

Fast noch schwerer waren die Schäden der rasch aufeinanderfolgenden Amnestieen: sie mußten schließlich im Volksempfinden zur Überzeugung führen, daß viel zu viel und viel zu hart bestraft werde;

sie mußten zur Anschauung führen, daß für gewisse Gruppen von Verfehlungen tatsächlich Straffreiheit bestehe;

bei der allgemeinen, jede individuelle Berücksichtigung ausschließenden Form, in der sie angeordnet wurden, mußten sie Würdige und Unwürdige in gleicher Weise treffen; sie mußten dazu beitragen; in gleicher Weise das Vertrauen in unserer Gesetzgebung, wie in unserer Rechtsprechung zu erschüttern und die bisher bestehenden Hemmungen zu beseitigen.

Durch die Ausdehnung der öffentlichen Unterstützungen, durch die weitgehende Erfassung der Produktion für die Zwecke der Allgemeinheit erfuhr der Begriff des persönlichen Eigentums eine erhebliche Schwächung.

Weite Kreise des Volkes waren bemüht, diejenigen Teile ihres Besitzes und ihrer Produktion, über welche ihnen freie Verfügung zustand oder über die sie freie Verfügung sich in rechtswidriger Weise zu erhalten wußten, ohne Rücksicht auf die dringlichen Bedürfnisse der Allgemeinheit in möglichst einträglicher Weise egoistisch zu verwerten;

andere Teile des Volkes nützten ihren Besitz in einer Weise aus, die in Widerspruch stand mit dem allgemeinen Gefühl der Trauer über die schweren Verluste des Krieges.

Dadurch wurde der Begriff des persönlichen Eigentums im Volksbewußtsein geschwächt; er wurde vielfach mit einem Makel belastet, der geeignet war, Verfehlungen gegen das Eigentum des sittlichen Makels fast vollständig zu entkleiden, ja sie in phantastischen Köpfen als eine verdienstvolle Tat erscheinen zu lassen.

Während des Krieges waren die bisherigen Behörden praktisch mehr oder minder ausgeschaltet und durch militärische Behörden ersetzt. Das mußte zu einer Schwächung des Ansehens unserer Zivilbehörden, bei der außerordentlich langen Dauer des Krieges zu einer Schwächung der Staatsautorität um so mehr führen, da die militärischen Behörden vielfach durch die Verhältnisse gezwungen waren, an Stelle der erprobten und eingearbeiteten Beamten des Zivildienstes unerprobte und im Staatsdienste ungeschulte Kräfte einzustellen, unter denen naturgemäß, da wirklich tüchtige und schaffenskräftige Männer meist im Felde standen oder im Zivildienst unabkömmlich waren, auch minderwertige Kräfte sich befanden.

Diese Abschwächung der Autorität, die Verwischung des Eigentumsbegriffes hat zweifellos eine weitere Betonung erhalten durch die Revolution:

Eine Reihe von bisher höchst autoritativen Einrichtungen ist mit einem Schlage beseitigt.

Neue Autoritäten, teilweise mit rechtlich strittigen Befugnissen, sind an ihre Stelle getreten.

Die herrschende Partei gilt in einem über die Tatsachen hinausgehendem Umfange als Gegnerin eines jeden Besitzes.

Die Tatsache, daß die Umwälzung sich unter Anwendung von Gewalt vollzogen hat, hat die Auffassung bestärkt, daß im Notfalle ungesetzliche Handlungen wie im Staatsbetriebe, so auch im Einzelleben erlaubt seien, zumal da sich die Fälle mehrten, in denen weite Kreise annahmen, daß die Beteiligung an der Umwälzung nicht im Dienste einer als höhere sittliche Pflicht empfundenen Idee, sondern aus egoistischen Gründen erfolgt sei.

Weite Kreise des Volkes haben die unverhältnismäßig schlechte Löhnung der Mannschaften und die unvollkommene Einhaltung der Bestimmungen über die gleiche Verköstigung aller Feldzugsteilnehmer als schwere Ungerechtigkeit empfunden.

In weiten Kreisen des Volkes ist die Auffassung verbreitet, daß nicht ganz wenige militärische Persönlichkeiten ihre autoritative Stellung zum Nachteil ihrer Untergebenen, zum Nachteile der Staatsfinanzen, zum Nachteile der feindlichen Bevölkerung zu egoistischen Zwecken ausgenützt haben.

Es kann nicht unsere Aufgabe sein zu prüfen, ob und inwieweit diese Auffassungen sich auf Tatsachen stützen, aber es ist Pflicht des Psychiaters darauf hinzuweisen, daß solche allgemein verbreitete Anschauungen das Handeln besonders Jugendlicher, geistig nicht entwickelter oder geistig abnorm veranlagter Personen in einer Weise beeinflussen, die eine psychiatrische Besprechung notwendig macht.

Unser Volk ist mit Vorwürfen, Beschuldigungen, Schmähungen, Beleidigungen überhäuft worden; das ließ sich ohne Schaden ertragen, solange wir von unserem Rechte auf Notwehr so überzeugt waren, wie wir alle in den ersten Zeiten dieses Krieges waren

und solange noch vereinzelte Stimmen der Sympathie oder doch der Anteilnahme zu uns drangen, wie dies in der ersten Zeit aus Schweden und Amerika der Fall war — diese Überzeugung von unserem Rechte hat in weiten Kreisen des Volkes eine Abschwächung erfahren und die letzten Stimmen der Sympathie sind fast vollständig verstummt.

Es ist kein Wunder, daß das Rechtsempfinden eines Volkes, das in einer Weise, die es als unverdient oder doch wesentlich übertrieben empfindet, von allen Seiten der gemeinsten Gesinnung bezichtigt wird, allmählich leiden muß.

Wir lebten unter einer Fülle von Gesetzen und Verordnungen, die teilweise überhaupt nicht eingehalten werden konnten; bei einem weiteren Teile war eine dauernde Überwachung der Ausführung praktisch nicht möglich — unser ganzes Leben, unsere ganze Existenz war von fürchterlichen Strafen bedroht, Strafen, die teils nicht ausgesprochen werden konnten, weil die Täter praktisch kaum faßbar waren und die teils wieder durch umfangreiche Amnestien in ihrer Wirkung aufgehoben wurden; es ist klar, daß dadurch Rechtsempfinden und Scheu vor krimineller Betätigung in gleicher Weise geschwächt werden mußten.

Wir haben in unseren militärischen Maßnahmen die Grenzen dessen, was in Notwehr und als Vergeltungsmaßregel zulässig ist, weiter hinausgerückt, als dem Rechtsempfinden der übrigen Völker entsprach, die über unsere Beweggründe, besonders über die schwere bei uns infolge der Blockade herrschende Not nicht genügend unterrichtet waren. Es war naheliegend, daß der militärische Standpunkt, der bei einem um seine Existenz kämpfenden Volke angesichts der Wirkung der von uns als widerrechtliche Maßnahme empfundenen Blockade verteidigt werden konnte, in einer keinesfalls zu billigenden Weise auf das Einzelindividuum übertragen wurde. Die primitiven Instinkte des Menschen haben in der Kriegszeit allgemein eine wesentliche Verstärkung, die höheren, durch Religion und Erziehung gegebenen Hemmungen allgemein eine wesentliche Abschwächung erfahren.

Der egoistische Zug, der sich schon vor dem Kriege breit gemacht hatte, hat eine wesentliche Verstärkung erfahren.

Der Begriff des öffentlichen Eigentums, dem leider schon vor dem Kriege große Teile der Bevölkerung mit einem recht weitherzigen Gewissen gegenüberstanden, ist bis zur Unkenntlichkeit verwischt.

Rechnen wir dazu die Überbürdung der Greise, Frauen, der Kinder mit körperlich anstrengender oder geistig verantwortlicher Arbeit, rechnen wir dazu das Fehlen der Familienväter bei der Erziehung der heranwachsenden Jugend, rechnen wir dazu die abnormen, durch die lange Dauer des Krieges und das Massenaufgebot bedingten geschlechtlichen Verhältnisse, welche Millionen von Menschen zwangen, auf die gewohnte geschlechtliche Betätigung zu verzichten oder sie unter erheblichen Kämpfen des Gewissens und unter beträchtlichen Sorgen für die Gesundheit anderweitig zu suchen; rechnen wir dazu den depravierenden Eindruck, den es machte, daß Einzelne, nicht ganz Wenige es verstanden haben, sich den Pflichten und Lasten des Krieges zu entziehen und daß sehr viele unter diesen verstanden haben, sich in wichtige oder einträgliche Stellen zu bringen, während Opferwillige draußen gefallen sind oder Teile ihres Vermögens oder ihrer Stellung eingebüßt haben, dann werden wir sagen müssen: dieser Krieg war ein Volkskrieg.

Seine Wirkungen sind nicht auf das Feldheer beschränkt geblieben, auch in der Heimat hat eine Reihe von Schädlichkeiten wie auf das körperliche Befinden, auf den körperlichen Gesundheitszustand, so auch auf die Seele des Volkes eingewirkt, die besonders bei den geistig wenig ausgebildeten oder geistig nicht hochstehenden oder geistig anomalen Personen zu Anschauungen und Zuständen geführt hat, denen wir Rechnung tragen müssen.

Der Umstand, daß diese Kriegsschädigungen sich nicht auf die Kreise des Feldheeres beschränkten, erschwert eine gesetzmäßige Berücksichtigung der kriegsbeschädigten Feldzugsteilnehmer um so mehr, als ein nicht ganz kleiner Teil der Heeresangehörigen in der Heimat und in der Etappe, zu gewissen Zeiten und an gewissen Orten sogar beim Feldheere vielfach unter Verhältnissen lebte, die teilweise wesentlich günstiger, teilweise wenigstens nicht ungünstiger waren, als die durchschnittlichen Verhältnisse der Zivilbevölkerung.

Kriegsbeschädigte gibt es auch in der Heimat.

Und besonders die Jugendlichen, die Psychopathen, die Schwachsinnigen unter den Kriminellen bedürfen einer besonderen Berücksichtigung.

Diese Berücksichtigung der Kriegsschäden der Daheimgebliebenen darf nicht zu einer Zunahme der Freisprechungen und nicht zu einer Häufung der bisherigen unkritischen Amnestien führen, wenn wir nicht einer unser Volk und Land verwüstenden Zunahme der Kriminalität entgegengehen wollen.

Diese Berücksichtigung sollte vielmehr gesucht werden:

Für geeignete Fälle in der Erleichterung der bedingten Begnadigung oder besser noch für geeignete Fälle in der Beurlaubung aus der Strafanstalt unter Schutzaufsicht und Fürsorge. Sie sollte endlich gesucht werden in einer zunehmenden Berücksichtigung psychiatrischer Gesichtspunkte beim Strafvollzug und bei den Jugendlichen in einem möglichst weitgehenden Ersatz der Strafe durch Erziehung in einer weniger das Wissen als das Können und die Moral und den Willen hebenden Erziehung.

Und noch ein letztes!

Wenn die letzten Monate vorübergegangen sind, ohne daß Bruderblut in Strömen geflossen ist, ohne daß große Teile des Besitzes vernichtet worden sind, ohne daß die Bande der Zucht und Ordnung sich noch mehr gelockert haben, so haben wir dieses Glück im wesentlichen dem Umstand zu danken, daß Alkohol nicht oder nur in recht verdünnter Form zu haben war. Schon aus Gründen der Volksernährung müssen wir eine stärkste Einschränkung des Gersten- und Kartoffelverbrauches für Zwecke der Alkoholbereitung fordern.

Psychiater und Richter müssen diese Forderung unterstützen, um die sonst durch kein Mittel vermeidbare vollständige und restlose Zerrüttung unseres Staates und unseres Volkes, wenn möglich, noch zu verhüten.

Meine Herren! Wir haben gesehen, daß keine Veranlassung besteht, durch besondere gesetzliche Bestimmungen eine Sonderstellung der straffälligen nervösen Kriegsbeschädigten im Strafverfahren anzustreben.

Der Richter wird nervös Kriegsbeschädigte möglichst oft der fachärztlichen Begutachtung zuführen,

er wird fachärztlichem Rate zu milderer Beurteilung, zur Zubilligung mildernder Umstände, zur Empfehlung für bedingte Begnadigung nach Möglichkeit Rechnung tragen.

Er wird nach eingehender Würdigung der persönlichen Verhältnisse im Rahmen der gesetzlichen Bestimmungen besondere objektiv festgestellte Leistungen im Felde bei Strafausmaß und Strafform da berücksichtigen, wo sein Gewissen es ihm angezeigt erscheinen läßt.

Eine Sonderstellung im Strafverfahren würde nur das Krankheitsgefühl und den Krankheitswillen der kriminellen psychopathischen Elemente unter den Kriegsneurotikern stärken und damit zum Schaden für sie, zum Schaden für die Allgemeinheit ausschlagen.

Berücksichtigung im Strafvollzug verdienen die Psychopathen unter den Kriegsteilnehmern ebenso wie die zahlreichen Jugendlichen, Schwachsinnigen und Psychopathen, die durch die allgemeinen Verhältnisse dieses Krieges in ihrer Erziehung und in ihrem Rechtsempfinden gelitten haben. Diese Berücksichtigung muß in streng individualisierender Form erfolgen.

Anhang.

Welche Umstände sollen zur Zuziehung des ärztlichen Sachverständigen Veranlassung geben?

I. Tat.

1. Es fehlt ein Motiv.
2. Die Tat steht in Widerspruch mit dem Vorleben des Täters.
3. Die Tat ist an sich auffallend oder
4. unter auffallenden Umständen verübt, z. B. unter Umständen, daß der Täter sich sagen mußte, die Entdeckung sei unvermeidlich.
5. Die Tat stellt eine einförmige Wiederholung ähnlicher früherer Verfehlungen dar.
6. Die Tat gehört zur Gruppe der Brandstiftungen oder Sittlichkeitsdelikte (s. Tab. 11 S. 54).

II. Täter, Erblichkeit, Lebensgang.

1. Sehr starke erbliche Belastung; gehäufte Degenerationszeichen.
2. Verzögerte körperliche oder geistige Entwickelung. Spätes Sprechen und Gehen, langes Bettnässen.
3. Besuch einer Hilfsklasse, Hilfsschule; Wiederholung von Volksschulklassen.
4. Versagen in den höheren Schulklassen, überhaupt auffallende Änderung im späteren Leben.
5. Fürsorgeerziehung (s. Tab. 12 S. 80).
6. Berufswechsel, häufiger Stellenwechsel. Neigung zu Vagabondage, Prostitution, zum Streunen (s. Tab. 12).
7. Frühzeitig beginnende oder auffallende oder einförmig die gleichen Verfehlungen wiederholende Kriminalität oder sofortige Rückfälle nach jedem Strafvollzug; gehäufte militärische Strafen.
8. Starke oder frühzeitig beginnende oder über die Entwicklungsjahre fortgesetzte Onanie oder sonstige sexuelle Verirrungen.
9. Typhus, Scharlach, Gesichtsrose, lange dauernde Eiterungen, Syphilis; Schädelverletzungen mit Bewußtlosigkeit, Erbrechen, Blutungen aus Mund, Nase, Ohren, Pulsverlangsamung, Erinnerungslücken oder Hirnverletzung, besonders wenn Anfälle epileptischer Natur da sind.
10. Frühere oder bestehende Entmündigung oder Pflegschaft oder Beobachtung oder Freisprechung wegen Unzurechnungsfähigkeit

— Aufenthalt in Irrenanstalt oder Neurotikerstation oder Nervenstation.

11. Selbstmordversuche — starke Stimmungsschwankungen — Zittern — Lähmungen — Zustände von Bewußtlosigkeit — Krämpfe — auffallende Züge.
12. Starker Alkoholgenuß, zeitweise oder dauernd; starker Alkoholgenuß vor der Tat; geringe Toleranz für Alkohol; Alkoholgenuß bei Schädelverletzten.
13. Auffallendes Benehmen nach der Tat — Zeichen von Geistesstörung oder auffallendem Verhalten in der Haft.

In der Regel werden mehrere dieser Momente zusammentreffen müssen.

Geistig anomale Personen finden sich (in Prozenten) unter den

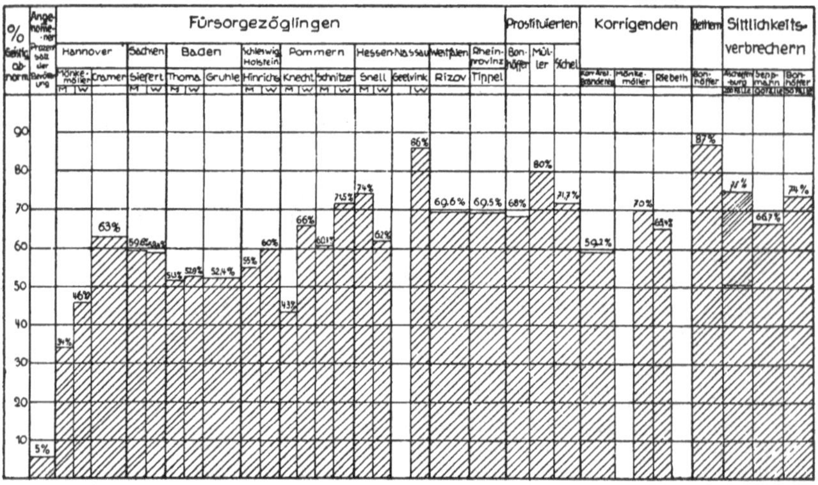

Tabelle 12.

Reihe 1 gibt den Prozentsatz an, in welchen sich geistig nicht normale Personen unter der Gesamtbevölkerung finden, etwa 5%.

Die folgenden Reihen zeigen die Prozentziffern, mit denen die geistig Anomalen vertreten sind unter den Fürsorgezöglingen in den verschiedenen Teilen Deutschlands nach den Angaben der verschiedenen Beobachter; die Ziffern schwanken zwischen 34 und 86% und ergeben insgesamt etwa $^2/_3$ Anomale.

Die weiteren Reihen stellen die Prozentziffern der geistig Anomalen unter den Prostituierten dar, 68—80%, ferner unter den Korrigenden 59—70%, endlich unter den Sittlichkeitsverbrechern 66—75%.

Für die Beurteilung der Persönlichkeit sind folgende Erhebungen erwünscht.

1. Erbliche Belastung? (Geisteskrankheit, Nervenkrankheit, Anfälle, Trunksucht, Selbstmorde, auffallende Charaktere, kriminelle Persönlichkeiten, geistig schwache Persönlichkeiten in der Familie).
2. Wann Gehen, Sprechen gelernt? Wie lange Bettnässer?
3. Guter, mittlerer, schlechter Schüler? Repetiert? Hilfsschule?
4. Weichliche Erziehung? Einziger Sohn? Einziges Kind?
5. Frühere Krankheiten? (Scharlach, Hirnhautentzündung, Typhus, Syphilis, lange dauernde Eiterungen, Nervosität, Anfälle, Lähmungen, Kontrakturen, Zittern, Stimmlosigkeit, Nervenschock) und Konstitution? (schwächlich, häufig krank); Unfälle? Charakterveränderung seit dem Unfall?
6. Lebensgang? Zwangserziehung, häufiger Berufs- und Stellenwechsel, Wanderschaft, geschlechtliche Besonderheiten, Alkohol, Nikotin, Selbstmordversuche, auffallende Charakterzüge.
7. Bisherige Kriminalität?
8. Aufenthalt in Nervenstationen, psychiatrischen Stationen?
9. Heeresdienst, davon im Felde, in vorderster Linie, in Lazaretten?
10. Beginn und Verlauf der Kriegsneurose?

Verdacht auf Dämmerzustand.

1. Anfälle, kurz vor oder nach der Tat auftretend.
2. Tat im Widerspruch mit dem Vorleben des Täters.
3. Täter zeigt vor, während oder unmittelbar nach der Tat Erscheinungen, die auf eine Trübung des Bewußtseins schließen lassen.
4. Täter behauptet glaubwürdig, von der Tat keine oder nur sehr beschränkte Erinnerung zu haben.
5. Sonstige Zeichen einer hysterischen oder epileptischen oder psychopathischen Veranlagung.
6. Momente, vorausgegangen, die starke gemütliche Spannung oder Erregung bedingen konnten; bei Alkoholintoleranten die Fälle, in denen Alkoholgenuß vorausging.
7. Frühere Dämmerzustände.

Je häufiger im Vorleben Dämmerzustände auftraten, je häufiger sie ohne besondere auslösende Momente und ohne auffallende Begleiterscheinungen (Anfälle) auftraten, je ausgesprochener die Zeichen der (hysterischen, epileptischen, psychopathischen) Veranlagung sind, desto schwieriger ist es, im Einzelfalle einen Dämmerzustand auszuschließen.

Für epileptischen Anfall spricht:

1. Dauer sehr selten über 10 Minuten, fast nie über eine Viertelstunde.
2. Nach dem Anfall fast stets Schlaf oder Bewußtseinstrübung.
3. Pupillenreaktion im Anfall meist erloschen.
4. Oft Zungenbiß, Verletzungen durch Auffallen, Anschlagen.
5. Oft Urinabgang.
6. Bewußtsein vollständig geschwunden, Erinnerung erloschen.
7. Bewegungen im Anfall ungeordnet.
8. Auftreten des Einzelanfalles besonders nach Alkoholgenuß.
9. Beginn der Anfälle meist schon in der Kindheit.
10. Zeichen des epileptischen Charakters (Pedanterie, Frömmelei, Einengung der Persönlichkeit, Sammeltrieb, Affektivität).

Für hysterischen Anfall spricht:

1. Dauer oft über 10 Minuten bis zu mehreren Stunden.
2. Nach dem Anfalle oft kein Schlaf, sofort oder rasch wieder vollständig frisch.
3. Pupillenreaktion im Anfall vorhanden.
4. Zungenbiß und sonstige Verletzungen im Anfall sehr selten.
5. Urinabgang im Anfall selten.
6. Bewußtsein im Anfall nicht vollständig geschwunden (Reaktion auf starke äußere Reize sehr oft erhalten); Erinnerung oft nicht vollständig erloschen.
7. Bewegungen oft mehr koordiniert, wild ausfahrend; zuweilen typische Stellungen (Bogenstellung).
8. Auftreten des Einzelanfalles meist nach gemütlichen Erregungen.
9. Beginn der Anfälle meist in und nach den Entwicklungsjahren, oft im Anschlusse an gemütliche Erregungen.
10. Zeichen der hysterischen Veranlagung (Zittern, Sensibilitätsstörungen, Gesichtsfeldeinengung) und des hysterischen Charakters.

Vereinzelt gibt es Personen, bei denen sowohl hysterische als epileptische Anfälle auftreten.

Anfälle finden sich nicht selten bei der progressiven Paralyse (Gehirnerweichung), ausnahmsweise auch bei der Dementia praecox (Jugendirresein), ferner nach Schädelverletzungen und bei organischen Hirnerkrankungen.

FSC
www.fsc.org
MIX
Papier | Fördert gute Waldnutzung
FSC® C083411

Kolibri 360 GmbH
Ferdinand-Jühlke-Straße 7
99095 Erfurt, Deutschland
produktsicherheit@kolibri360.de